纪念馆

陈列展览与社会教育

李健宁 张 因 ◎ 著

湖南师范大学出版社

·长沙·

图书在版编目（CIP）数据

纪念馆陈列展览与社会教育 / 李健宁，张因著. --长沙：湖南师范大学出版社，2024.12. -- ISBN 978 - 7 - 5648 - 5574 - 1

Ⅰ. G268.1；G77

中国国家版本馆 CIP 数据核字第 2024H855W4 号

纪念馆陈列展览与社会教育

Jinianguan Chenlie Zhanlan yu Shehui Jiaoyu

李健宁　张　因　著

◇出　版　人：吴真文
◇组稿编辑：李　阳
◇责任编辑：李　阳
◇责任校对：张晓芳
◇出版发行：湖南师范大学出版社
　　　　　　地址/长沙市岳麓区　邮编/410081
　　　　　　电话/0731 - 88873071　0731 - 88873070
　　　　　　网址/https：//press. hunnu. edu. cn
◇经销：新华书店
◇印刷：长沙市宏发印刷有限公司
◇开本：710 mm×1000 mm　1/16
◇印张：12.5
◇字数：200 千字
◇版次：2024 年 12 月第 1 版
◇印次：2024 年 12 月第 1 次印刷
◇书号：ISBN 978 - 7 - 5648 - 5574 - 1
◇定价：69.00 元

凡购本书，如有缺页、倒页、脱页，由本社发行部调换。

投稿热线：0731 - 88872256　微信：ly13975805626　QQ：1349748847

前　言

　　纪念馆是纪念历史上重要人物或重要事件的专题博物馆，也是面向社会公众传播历史文化，为社会公众提供缅怀、学习、休闲等服务的重要场所。陈列展览与社会教育作为纪念馆的两大核心业务，既是纪念馆传播历史文化的主要方式，也是社会公众认识纪念馆的重要途径，还是纪念馆与社会公众之间进行沟通和对话的重要桥梁。从纪念馆的角度来看，陈列展览是纪念馆将所纪念对象的相关信息及其背后的历史文化通过形象化、艺术化的形式展示出来，变抽象的信息和文化为可视的陈列语言，让公众通过图片、文字、艺术品、场景等载体来了解历史文化。社会教育则是纪念馆依靠人、事、物、技术等要素，将纪念对象的相关信息及其背后的历史文化进行充分的阐释，包括对陈列展览资源及其语言的解读和转化等，让公众能够快速地接受和理解纪念馆所传达的内容，获取相关的知识文化信息。简单来讲，陈列展览是将纪念馆所要传达的信息呈现给公众；社会教育是将纪念馆所要传达的信息输送给公众。二者目标一致、方向一致，都以服务国家、社会、公众为基本的出发点和落脚点。但是，纪念馆举办陈列展览和开展社会教育的具体工作模式、流程、细节等究竟如何？这个问题对纪念馆外的一些人甚至包括纪念馆一部分从业人员来说，依然不甚明晰。

本书尝试对纪念馆陈列展览与社会教育这两大业务工作进行解读和论述。首先，开篇阐述了纪念馆陈列展览与社会教育的基本概念，厘清了纪念馆这两大核心业务的地位、关系、资源优势和现实意义。其次，从选题规划和资料征集、内容策划和形式设计、落地实施和开放运行等方面总结和介绍了陈列展览制作的基本流程、注意事项和经验启示，几乎包括了陈列展览制作的全过程。同时，分门别类地列举了纪念馆传统社会教育业务和新兴社会教育业务的操作范式和实施流程。再次，从认识和实践两个层面，为纪念馆社会教育人员（有的馆称之为讲解员）职业素养的提升提供有效可行的方法路径。最后，围绕当前文博领域关于陈列展览与社会教育融合发展的问题提出了设想与建议。

虽然，任何一家纪念馆都不可能独自承担陈列展览与社会教育的全部工作和所有环节，但是，绝大多数纪念馆对陈列展览与社会教育的工作环节具有很强的管控能力和评判能力，并且为我们提供了丰富的实践经验。本书以纪念馆的具体实践为基础，在厘清陈列展览与社会教育这两大核心业务工作的地位、联系、区别的基础上，对纪念馆陈列展览与社会教育的运作模式和流程范式进行了总结和提炼。一方面，可为纪念馆陈列展览与社会教育的从业者做好具体工作提供初步的操作指南与经验范式；另一方面，也可为各博物馆、纪念馆在新时代进一步探索和总结陈列展览与社会教育的工作规律提供启发和思考。

作为公益性文化事业单位，纪念馆的陈列展览与社会教育在纪念馆领域、文博领域、教育领域都有着不可替代的地位和作用，对国家发展、社会进步、人民幸福有着积极意义。希望本书的一些观点和见解能为纪念馆陈列展览与社会教育的从业者及对纪念馆陈列展览与社会教育感兴趣的人们提供些许启发和帮助。

李健宁　张　因

2024 年 8 月

目 录

第一章
纪念馆陈列展览与社会教育概述

纪念馆，又称纪念性博物馆，是纪念历史上重要人物或重要事件的专题博物馆，主要依托重要人物或重要事件的相关文物、资料、旧址而兴建，具有纪念、收藏、保护、研究、展示和教育等功能。其中，陈列展览和社会教育是纪念馆与社会公众发生直接联系的两大核心业务工作，也是纪念馆在追求高质量发展过程中必须关注的两大课题。

一、陈列展览与社会教育的地位

作为纪念馆的核心业务之一，陈列展览不仅是纪念馆非常重要的文化产品，还是纪念馆面向社会进行教育和传播的主要媒介、为公众提供文化服务的重要途径。其内涵比较丰富，外延比较宽广。广义上，纪念馆本体以及其所辖领域的一切事物都可成为陈列展览的内容，包括可移动的和不可移动的、物质的和非物质的，如纪念馆建筑、藏品、旧址、文化等。狭义上，纪念馆的陈列展览通常是指围绕某一重要人物、某一重要事件或某一重大主题，在特定的空间内，以官方政策文件和学术研究成果为指导，以文物资料为主要展品，以展示设备和技术为主要平台，按照一定的主题、结构、方法组合，并面向公众进行思想、知识、文化、艺术、技术、价值、情感等方面信息传播的陈列艺术序列。根据不同的时间、地点、内容和呈现方式，其可以分为多种类别，如常设的、临时的，静态的、动态的，室内的、室外的，线上的、线下的，文物的、图片的、艺术的等。简单地讲，纪念馆陈列展览主要展示的就是重要人物、重要事件或重大主题的见证物。这些见证物具有超越时空的历史文化价值和精神价值，是纪念馆发挥以史鉴今、资政育人作用的重要素材，是社会公众回望来时路、走稳脚下路、奔赴未来路的重要力量源泉。

社会教育，其本义是指"学校以外的一切文化设施对青少年、儿童和成人进行的各种教育活动"①。作为纪念馆的另一核心业务，社会教育是纪念馆与社会公众实现沟通和对话的重要纽带，是社会公众生动直观地了解纪念馆、接受教育的重要途径。纪念馆从其"博物"和"纪念"的属性来说，本身就是一个宏大的信息和文化传播的空间、精神和风范留存的场域。广义上，纪念馆所呈现的一切都可成为社会教育的内容，并且在某种程度上具有一定的"不言即教"的自明性，如在没有专业的教育活动下，社会公众可依靠自身感官接收和消化纪念馆场域所表现和传达的一些信息。狭义上，纪念馆的社会教育是指纪念馆结合自身属性和特点、职责和功能，依托馆内外可用的教育资源，通过人、事、物、技术等要素有意识地、有目的地、有主题地面向社会公众开展的各种教育活动。在我国，纪念馆开展社会教育的最终目的是

---

① 周昌德. 简明教育辞典 [M]. 广州：广东高等教育出版社，1992：189.

为国家、时代和社会公众服务。一方面，纪念馆一直发挥着文化阵地、精神高地的作用，培根铸魂，凝心聚力，不断助力国家的文化建设和发展；另一方面，纪念馆也努力满足社会公众日益增长的文化需求，积极创新教育活动形式，为社会公众提供学习、欣赏、深思、研究等多方面的便利和服务。

从时代的发展以及博物馆自身的发展过程来看，陈列展览与社会教育在博物馆中一直占有重要地位，国际博物馆协会（International Council of Museums，简称 ICOM）关于博物馆的几次定义修改都直接或间接地体现了博物馆的展示功能和教育功能。2022 年 8 月，博物馆又迎来了最新定义，即"博物馆是为社会服务的非营利性常设机构，它研究、收藏、保护、阐释和展示物质与非物质遗产。它向公众开放，具有可及性和包容性，促进多样性和可持续性。博物馆以符合道德且专业的方式进行运营和交流，并在社会各界的参与下，为教育、欣赏、深思和知识共享提供多种体验"[1]。在新定义当中，"阐释和展示""教育"仍然是关键词，突出了博物馆的重要职责和功能，而"提供多种体验"则体现着当代人们对博物馆新的认知和期许。作为博物馆系统成员和公共文化服务单位，纪念馆一直承担着学术研究和交流，文物收藏、保护和利用，陈列展览，社会教育等多个模块的业务工作。其中，举办陈列展览和开展社会教育是纪念馆服务社会与社会公众的重要方式与必由途径，是纪念馆众多业务工作中与观众直接"打交道"的业务。其他诸如学术研究和交流以及文物收藏、保护

---

① 国际博协特别全体大会通过新版博物馆定义［EB/OL］.（2022 - 08 - 25）［2024 - 06 - 19］. https：//www. chinamuseum. org. cn/cma/detail. html? id = 12&contentld = 12403.

和利用等作为基础性业务，最终服务于纪念馆的陈列展览和社会教育工作。纪念馆在学术研究和交流、文物收藏和保护等方面的工作成果、价值和意义也主要通过陈列展览和社会教育来呈现和阐释；纪念馆为社会公众"提供多种体验"更需要生动、丰富、多彩的陈列展览和社会教育来实现。结合最新定义和纪念馆职能职责来看，陈列展览和社会教育对于纪念馆和社会公众的意义至关重要，也是纪念馆开展业务工作的重要抓手。

同时，从纪念馆实际运营的情况来看，陈列展览和社会教育不仅是纪念馆常态化的核心业务工作，以及社会公众走近和了解纪念馆、获取知识共享等体验的桥梁和纽带，而且也是国家、社会、博物馆界评估纪念馆工作、质量和水平的重要指标。比如，在全国博物馆运行评估工作中，评估指标分为三级，其中一级指标有三个，即"规范管理""社会服务""社会评价"。陈列展览和社会教育作为一级指标"社会服务"之下的二级指标，占到了"社会服务"下辖指标的一半，足见陈列展览和社会教育在博物馆运行评估指标体系中的权重。同时，陈列展览作为主角、社会教育作为配角，还经常出现在全国博物馆十大陈列精品推介、"弘扬中华优秀传统文化、培育社会主义核心价值观"主题展览征集推介等重大评选活动中。纪念馆在评选活动中所获的结果如何，在一定程度上反映着纪念馆的文化软实力、社会影响力和核心竞争力。而社会公众在参观纪念馆时也主要是通过纪念馆的陈列展览和社会教育来感知纪念馆的品质和服务，并且会依据参观情况对纪念馆作出感受性评价。所以，无论是从纪念馆职能职责和实际运营情况来看，还是从国家、社会、业界对纪念馆的评价来看，陈列展览和社会教育在纪念馆中具有不可撼动的地位，是纪念馆不可或缺的业务、职责和功能，对纪念馆的高质量发展、可持续发展、长远发展具有重要作用。

二、陈列展览与社会教育的关系

陈列展览与社会教育是纪念馆业务工作中的核心组成部分，也是纪念馆实现社会价值和功能的重要方式。二者之间既相互联系、相互影响又相互区别、相对独立，但二者方向一致、归属一致，都统一于纪念馆体系，服务于国家文化事业发展的需要和广大人民群众精神文化的需要。在共同点方面，陈列展览与社会教育的主体、对象、目的是相同的，即二者都是以纪念馆为主体，以社会公众为对象，以资政育人、立德树人等为目的；陈列展览与社会教育的人员、主题、内容在某种条件下是相同的，如策划陈列展览的人员可以是开展社会教育的人员，开展社会教育的人员也可以是策划陈列展览的人员；陈列展览和社会教育还可以围绕同一个主题、同一块内容开展；等等。具体说来，纪念馆的陈列展览与社会教育在某些属性特点上存在一致性。例如：

（一）公共性

作为文物博物馆事业的重要组成部分，纪念馆与博物馆一样，曾经并非全部对社会公众免费开放，观众进入纪念馆参观需要交纳一定的门票费用。2008 年，国家要求各级文化文物部门归口管理的公共博物馆、纪念馆等实施免费开放。作为博物馆系统的重要成员，大部分纪念馆积极响应国家的号召，向社会公众免费开放，并由此揭开了神秘的面纱。公众可以免费穿梭于纪念馆的展厅，观看陈列展览，接受社会教育，自由徜徉于历史文化知识的殿堂，充分享有纪念馆提供的公共文化服务。纪念馆现已成为社会公共文化事业的重要组成部分，更是当今时代不可或缺的公共文化设施之一。

（二）广泛性

首先，纪念馆陈列展览和社会教育的覆盖面极为广泛。纪念馆不仅仅针对进馆参观的观众开展社会教育，宣传纪念馆的展览内容，还会通过合作办展、外出巡展、宣讲、送课等方式深入学校、机关、乡村、社区等开展教育。其次，纪念馆社会教育的对象群体极为广泛，它不仅针对特定的群体开展教育，而且面向社会不同年龄、职业、身份、国籍、文化背景的人们。可以说，进入纪念馆参观学习几乎没有前置条件，社会公众只要有意愿，就可以参观纪念馆的陈列展览，接受纪念馆的社会教育，获取纪念馆提供的公共文化资源。最后，纪念馆还利用新媒体平台，通过线上展览、线上直播等新兴的传播方式推送陈列展览、开展社会教育，大大拓宽了纪念馆教育的辐射范围，让纪念馆的作用和影响延伸至更为宽广的场域。

（三）终身性

随着科学技术的飞速发展，人们的工作和生活节奏日趋加快，终身学习既是时代发展的需要，也是个人保持核心竞争力的要求。因此，终身学习、持续学习是新时代公民的必要素养之一。作为公共文化事业单位，纪念馆为人们提供了终身学习的平台。纪念馆一般会根据本馆的纪念对象、馆藏资源和社会热点话题等定期或不定期策划推出新的展览，或与其他文博单位合作推出展览，或引进其他文博单位的展览。纪念馆的社会教育人员（有的馆称之为讲解员）则会基于新的展览开发各类社会教育活动，将展览资源转化为通俗易懂、形象生动、易于接受的教育资源，从而为丰富人们的日常生活、提高人们的学识涵养提供了终身学习的素材来源。

（四）自主性

纪念馆的陈列展览和社会教育是在体系化和制度化的学校教育之外的非规定性的教育素材和手段。观众在纪念馆参观陈列展览和接受社会教育时，拥有充分的自主权。观众既可以选择跟随讲解员的步伐，聆听讲解员从头至尾讲述展览的内容，也可以选择自行观看想看的内容，甚至可以在自己感兴趣的展品前反复观看，仔细研究。同时，观众也可以根据自己的需要参加纪念馆开展的讲座、授课、展演等其他类型的社会教育活动。在纪念馆的参观学习既没有课堂教学的拘束，也没有考试考核的要求，而是完全自主的。观众浸润在纪念馆知识与信息的海洋之中，欣赏展品，学习历史，感悟文化，这种轻松愉悦的学习方式是几乎没有任何压力的，也是可以预计效果的。

（五）直观性

纪念馆举办陈列展览和开展社会教育的一个最大特点就是它们都是以纪念馆的展品为重要基础。在纪念馆，展品不仅包括文物，还包括图片、文摘、画作、雕塑、场景造型等各类陈展的物品。与学校教育以文字和概念等抽象知识为主的教学不同，纪念馆的陈列展览和社会教育依托"展品"来进行阐释和教育，具有直观易懂、生动形象的特点。不论展品是何种材质，它都能直观地诉诸观众的视觉。观众只要通过听取讲解员的解说，或者自行阅读展品说明，就能立刻获取展品的相关介绍信息，这种获取知识的方式比学习抽象的概念知识更为简易。因此，纪念馆陈列展览和社会教育所具备的直观性的独特优势是其他任何机构所无法比拟的。

（六）丰富性

纪念馆举办的陈列展览和开展的社会教育活动是丰富多彩的。陈列展览可以按照不同的叙事方式，做成叙事型展览和审美型展览；也可结合展品特点和展示手段，做成文物展、艺术展、图片展、数字展等。在社会教育方面，纪念馆不仅有传统的教育方式，而且有新兴的教育方式。比如，传统的教育方式是以阵地讲解为主，即观众主要是通过聆听讲解员解说展览的方式接受教育。随着时代的发展，纪念馆的社会教育方式不再局限于阵地讲解，更不局限于场馆内，而是衍生出了能满足观众各种需求的方式，大大拓展了纪念馆社会教育的层面。例如，现场教学、青少年教育活动、德育教育进校园、主题宣讲、研学、直播授课，等等。因此，纪念馆举办的陈列展览和开展的社会教育活动多种多样，观众完全可以根据自己的时间安排或个性化需求来体验纪念馆推出的陈列展览或社会教育项目。

属性特点的一致性，在一定程度上也反映了陈列展览和社会教育是归属于纪念馆这个整体的有机组成部分，自然体现纪念馆的特性。而陈列展览与社会教育的不同之处，则主要体现在二者实施的具体流程、采用的技术和方法、呈现的形态等方面的不同。虽有不同，但陈列展览与社会教育始终是一种相辅相成、协同发展的关系。

一方面，陈列展览是社会教育的重要教材和阵地。在纪念馆，陈列展览是主责主业，大部分的社会教育活动都是依托陈列展览来开展。陈列展览中的文物、文献、图片、场景、艺术品等展品，以及陈列展览所蕴含的理念、历史、故事、精神等，都可成为社会教育的内容。比如，阵地讲解是纪念馆传统的、常态化的社会教育方式。讲解员在讲解时通常是紧紧围绕陈列展览的内容和展线来进行。现场教学、研学近些年已成为纪念馆开展社会教育的重要方式，经常需要利用陈列展览的空间和内容。展览相关课程的开发需要紧扣陈列展览的内容，并往往以陈列展览的某些元素为教具。云课堂、VR（虚拟现实）和 AR（增强现实）导览、网上宣教等也需要以陈列展览为基础或背景。同时，纪念馆还可以依托陈列展览，结合各类受众的特点和教育需求，开发不同的教育模块，创新教育方式，进行分众教育等。可以说，无论是线下线上的社会教育活动，还是多种多样的社会教育方式，都离不开陈列展览作为支撑。

另一方面，社会教育是实现陈列展览传播目的和效果的重要途径。作为公共文化服务单位，纪念馆主要是通过举办陈列展览和开展社会教育的方式服务社会公众。纪念馆不少的陈列展览体量宏大、内容丰富，犹如一座知识宝库。观众要在短时间内达到熟知展览的境界几乎不可能。这时候就需要通过社会教育人员来进行阐释和解说，以帮助观众较快地理解和抓住陈列展览的主题、主线和要点。在很多纪念馆，社会教育人员担负着为观众提供展览、旧址的讲解任务。纪念馆陈列展览中所运用的文物资源，也只有通过社会教育人员充分理解和消化之后，才能转化为教学文本、课件、讲解词等便于观众理解和接受的教育资源。陈列展览的传播目的和效果很大程度上也凭借社会教育人员的讲述实现。所以，陈列展览与社会教育息息相关，是纪念馆内并驾齐驱、不可缺少的两大业务。

三、陈列展览与社会教育的资源优势

（一）文物旧址资源

通常来说，纪念馆都会拥有一定数量的文物藏品或管理一定数量的文物旧址。有些人物类纪念馆是依托人物的旧居或活动场所建立的，有些事件类纪念馆是依托事件发生时的遗址旧址所建立的。这些文物资源和旧址资源是纪念馆的独有资源，更是纪念馆的安身立命之本。纪念馆的陈列部门和宣教部门依托这些文物、旧址资源，举办陈列展览，开发教学资源，将文物、旧址背后的历史文化转化为文化产品，提供给社会公众。除此之外，纪念馆还可以与其他博物馆、纪念馆合作，借助其他馆的文物资源、教育资源，联合举办陈列展览，开展社会教育活动，为社会公众提供丰富的文化盛宴，满足人们学习、欣赏、休闲等需求。纪念馆所拥有的这种文物旧址资源优势是其他任何机构所不具备的，也是无法比拟的。

（二）学术资源

学术研究对每一个行业的发展都有着重要意义，能够推动行业的进步和发展，也反映着行业的基本状况。近年来，随着文博事业的蓬勃发展，不少纪念馆不仅成为公众旅游参观的热门目的地，而且成为旅游界、博物馆界、学术界的工作内容或研究对象，随之，有关纪念馆的学术研究也走上了跨领域、跨学科融合发展的道路。例如，国家有关文化和旅游部门多次针对全国文化和旅游发展概况推出了《中国文化和旅游统计年鉴》《中国文化文物和旅游统计年鉴》等综合性强、资料性强的统计类书籍，是博物馆人员进行学术研究的重要基础资料。博物馆界的行业协会或博物馆自身也积极推出了《中国纪念馆发展报告》《中国博物馆发展研究报告》《×××博物馆年鉴》等书籍，对博物馆或纪念馆的发展情况进行了系统性的介绍和归纳，既比较全面地反映了博物馆或纪念馆的概况，也针对博物馆或纪念馆发展中存在的困难提出了一些建议性的对策。与此同时，很多科研院校也非常重视与博物馆、纪念馆的合作交流。有的高校把纪念馆作为研究基地、教育基地和实践基地，对"纪念馆现象"进行深度观察，并协同纪念馆开展学术研究、陈列展览、社会教育和人才培养等工作，推出了一批成果。还有的知名高校和专家学者依托纪念馆的实践和资源申报了国家级课题，撰写了报告，出版了著作，发表了文章等。各界对于纪念馆的关注以及相关研究成果的推出，对纪念馆的发展有着积极意义，也是纪念馆做好陈列展览和社会教育相关工作的重要学术资源和基础。

（三）观众资源

观众是纪念馆服务的对象，也是纪念馆举办陈列展览和开展社会教育所面向的对象。可以说，没有观众，就无所谓纪念馆的陈列展览和社会教育。纪念馆所涉及的陈列展览和社会教育甚至包括所有的业务工作，都是以服务观众为最终旨归的。观众参观数量不仅是衡量一家纪念馆公共文化服务水平的重要指标之一，而且是纪念馆得以可持续发展的重要条件之一。如果一家纪念馆的陈列展览设计精美，内涵丰富，社会教育活动多种多样，却没有观众参观和捧场，或观众数量寥寥无几，那么，很难想象这家纪念馆能发挥多大的影响力和获得多大的社会效益。随着人们生活水平的不断提高，交通运输突飞猛进的发展，以及纪念馆免费开放政策的持续利好，越来越多的人关注自身精神文化需求，将会选择到纪念馆学习或打卡，包括儿童、少年、青年、中年、老年等各个年龄阶段的群体。作为观赏性强的公共文化服务单位，越来越多的纪念馆也将迎来参观人数的大幅度增长，其观众资源的优势也会更加突出。

结合目前纪念馆的观众情况，可以根据其特征进行细分。例如，根据观众的年龄，可以分为少年儿童观众、青年观众、中年观众、老年观众；根据观众参观时组团情况，可以分为散客、团队；等等。同时，不同类型的观众在参观纪念馆陈列展览和接受纪念馆社会教育时，有不同的动机和需求。以根据参观目的和行为划分的观众类型为例，到纪念馆参观的观众大致可划分为三大类。一是旅游观光型观众。当前，到纪念馆参观的观众通常以旅游观光型的观众占多数。这类观众通常是怀着对纪念馆所纪念对象的情感而来，他们的参观目的主要是在休闲旅游的过程中参观展览，观看展品，增加见闻，扩充知识，从而丰富业余生活，增加人生体验。他们对于展览和讲解的要求一般局限在认识展品、了解展览以及丰富历史文化知识的层面上。二是学习求知型观众。学习求知型观众通常在参观前已经阅读或掌握了与纪念馆纪念对象相关的背景知识，他们到纪念馆参观的主要目的是希望通过观看展览或聆听讲解来进一步开阔视野，深化对相关知识的理解，从而扩充其知识体系。学习求知型观众参观时通常认真、细致，对于讲解员的解说也有较高的期待。三是探究型观众。探究型观众在观众中所占比例不高。探究型观众通常从事某方面的研究，在其专注的领域颇有建树。这类观众参观展览的目的性很强，主要是通过参观展览来印证或充实自己的某个学术观点，从而促进其研究工作。这类观众在参观展览时能认真听取讲解员的解说，对于展览的展示细节较为关注，观察细致入微，并且喜欢就某一问题与讲解员展开深入交流与探讨。尽管到纪念馆参观的观众各有不同，但总的说来，大部分观众主要是希望通过参观和学习来满足自身在两个方面的需求：一是获取知识和信息，增长见闻，获得精神上的满足感和文化上的认同感；二是在参观游览中放松身心，在休闲旅游中缓解工作、学习的紧张和疲劳。无论是哪一类观众的到来，还是哪一类参观需求的提出，对纪念馆来说，都是发挥和提升自身功能的机遇。

（四）人才资源

纪念馆举办陈列展览和开展社会教育，都离不开人才队伍的支持和保障。随着国家教育事业发展到今天，人们的文化水平普遍有了质的提高。各行各业人才济济，纪念馆也紧跟发展形势吸收了高学历人员。与此同时，不少纪念馆还拥有较多的专业技术人员，这些专业技术人员中有的已获得中级、高级职称，其中一些人为纪念馆的研究专家。这些专业技术人员和研究专家是纪念馆举办陈列展览和开展社会教育的宝贵人才资源。特别是，研究专家在各自的陈列展览、文物保管、文物保护、社会教育等领域有着深厚的理论基础和丰富的实践经验。他们在专注自己的工作领域和学术研究的同时，主导或参加陈列展览的策划，还可以不定期地通过诸如为观众讲解展览和文物、开设讲座、为观众提供咨询服务等方式参与纪念馆的社会教育工作，将自己的学术研究成果在广大观众中进行普及和传播。专业技术人员和研究专家直接或间接参与纪念馆的陈列展览和社会教育工作，不但能让观众了解到纪念馆相关领域的最新研究成果，也让专业技术人员和专家学者的学术观点和研究成果不只局限在学术圈，而是在更大的受众范围进行传播，接受实践的检验。此外，一些大中型纪念馆由于交通便利，闻名遐迩，每年基本维持了较高的观众参观量。因此，这类纪念馆除了拥有自己的专业人才队伍，还会发展志愿者队伍。这些志愿者有的是青少年学生，有的是中年人，有的则是退休的老年人；有的是某一领域的专家学者，有的则是普通的劳动者。他们都有着一颗志愿和奉献的心，通常活跃在纪念馆的展览调研、讲解、咨询、导引等为观众直接提供服务的岗位上，努力地为纪念馆事业奉献自己的聪明才智。可以说，他们也是纪念馆不可多得的人才资源，在陈列展览和社会教育方面发挥着重要作用。

（五）技术资源

当今世界已是一个联系紧密的"地球村"，知识信息的传达和共享依靠科技发展的红利可以瞬间实现。在"互联网＋"和各种传媒的推动下，纪念馆的传播范围更加广阔，能够延伸到千家万户、大街小巷，随之产生的社会效益也更加明显，社会影响也更加深刻。近些年，尤其是各种数字化技术引入文博领域后，纪念馆在活化文物资源上、在优化陈列展览和社会教育工作上有了更新的表达方式，创造了"技术"与"场馆"融合的更多可能，向公众展现了多维、多彩的纪念馆形态，打破了过去人们对于纪念馆呆板沉闷的印象。有些纪念馆也因此成为热闹的"打卡地""网红馆"。人们在纪念馆参观时也基本能够获得感官上的享受和精神上的熏陶。可以说，科学技术的发展不仅影响着整个时代、每一个人，也深刻地影响着纪念馆界，为纪念馆陈列展览、社会教育等方面工作的开展提供了便利，插上了腾飞的翅膀。

四、陈列展览与社会教育的现实意义

如前文所述，陈列展览与社会教育是纪念馆内学术研究、文物收藏等基础业务工作成果输出的主要通道，也是连接纪念馆与社会公众的重要桥梁，反映着纪念馆的质量和服务水平，决定着纪念馆的社会效益和影响。作为国家文化建设和宣传的重要平台，纪念馆在陈列展览和社会教育这两大业务工作上所作出的努力、取得的成绩，其意义不仅仅局限于纪念馆本身，而且由内向外对国家、社会、人民有着长远意义，始终发挥着立德树人、培根铸魂、资政育人、凝心聚力等作用。例如：

（一）有助于历史文化教育

纪念馆是纪念重要人物或重大事件的纪念类专题博物馆。观众到纪念馆参观学习，接受历史文化的熏陶，是了解历史文化生动且有效的方式之一。共同的历史文化认知对于凝聚国家和民族的向心力非常重要，只有拥有共同的历史文化认知，国民才能心往一处想，劲往一处使，为实现中华民族伟大复兴汇聚起磅礴的精神力量。纪念馆肩负着普及历史文化的重任，通过举办陈列展览、开展社会教育等，让人们通过历史文化的学习感受先辈们砥砺奋进的求索精神、不屈不挠的斗争精神、无私奉献的人格风范，进而对历史文化形成正确的认知。

（二）有助于党史学习教育和思政教育

中国的纪念馆中有相当一部分是革命纪念馆。革命纪念馆是纪念近代以来中国革命斗争中涌现出的重要历史人物和重大历史事件的专题博物馆。革命纪念馆是开展革命传统教育、党史学习教育和思政教育的理想场所。当前，越来越多的单位组织党员干部职工前往革命纪念馆，通过参观陈列展览和聆听讲解、课程的方式学习中国共产党历史和中国近现代革命史，感悟革命先辈坚定的革命意志和崇高的理想信念，认识今天幸福生活和大好局面的来之不易，从而继承革命先辈的革命精神和优良传统，增强团结意识和奋斗意识，脚踏实地，锤炼本领，为实现中华民族伟大复兴的中国梦勇毅前行。

（三）有助于爱国主义教育

与博物馆一样，许多纪念馆是爱国主义教育基地。纪念馆的文物资源、旧址遗址资源是开展爱国主义教育的生动教材。纪念馆的许多文物、旧址遗址都承载着先辈自强不息、爱国报国的崇高精神风范，对广大观众特别是青少年具有极大的感染力和吸引力。纪念馆通过举办陈列展览，开展社会教育，大力弘扬以爱国主义为核心的民族精神，凝聚国民共识，继承先辈的奋斗精神和光荣传统。纪念馆开展的社会教育尤其可以帮助青少年从历史文化中汲取精神力量，厚植爱国主义情怀，从而激励青少年发挥自身的聪明才智，立志成才报国，为强国建设、民族复兴积蓄青春力量。

（四）有助于公民道德培育

纪念馆属于公共场所，是人们感悟历史文化、接受思想洗礼的地方。每位观众的参观习惯和行为方式均有所不同，但观众一旦进入纪念馆参观陈列展览，接受社会教育，就必须遵守纪念馆的参观行为规范，服从纪念馆工作人员的统一管理，做到爱护文物，文明参观。同时，观众在纪念馆参观时要做到克己利人，保持安静，不大声喧哗，不随意触碰展品，共同营造良好的参观环境，为自己和其他观众顺利地开展参观学习而付出努力。参观秩序的好坏不仅体现一个人是否具有良好的公共意识，也是社会文明程度的表现①。在纪念馆的参观学习有利于公民尤其是青少年公共意识的培育和良好参观习惯的养成，也有利于全民整体公共道德水平的提升。

（五）有助于文物保护意识培育

参观纪念馆的陈列展览，接受纪念馆的社会教育，可以培养人们特别是青少年爱护文物的意识。文物包括可移动文物和不可移动文物，具有丰厚的历史文化价值。文物承载着特定时期的历

---

① 孔伟. 社会教育视域下的公共文化服务研究 [M]. 济南：山东人民出版社，2014：182 - 183.

史文化，是先辈留给我们的宝贵物质遗产。观众在纪念馆欣赏精美文物、参观旧址遗址的过程中，逐步认识了文物及其背后承载的历史和精神，也了解了文物的重要性、珍贵性和不可再生性，会慢慢地热爱文物并形成爱护文物的意识，进而自觉地保护文物这一人类共同的文化遗产。

无论从理论上讲，还是从实践上讲，纪念馆的陈列展览和社会教育工作是贯通历史与现实、连接现在与未来的重要途径，也是服务于国家文化建设和人民发展需要的重要方式。但要做好陈列展览和社会教育工作，绝非易事。尤其是对从事纪念馆陈列展览或社会教育相关工作的人员来说，需要经过长年累月的积淀和历练。相关人员只有强化责任担当，履职尽责，努力拓展和巩固自己的知识体系，掌握陈列展览或社会教育的操作流程，并在理论和实践中不断提高工作技能，才能做好、做精、做强陈列展览或社会教育工作。

第二章
纪念馆陈列展览的选题规划和资料征集

　　陈列展览在博物馆话语体系当中多指基本陈列（也称常设陈列、固定陈列）和临时展览这两种类型。虽然从学术研究的角度上讲，基本陈列和临时展览在名词定义、展示时间、阐释方式等方面存在一些差异，但是对纪念馆的从业人员来说，二者都是纪念馆用来展示本馆藏品及成果并向社会公众提供教育、欣赏、深思和知识共享等体验的重要表现形式，可统称为陈列展览，简称为展览（后文多用简称）。举办陈列展览历来是全国博物馆的职责和要务。近年来，全国博物馆每年举办的展览上万个，其中纪念馆每年举办的展览也有上千个，为全国博物馆展览事业贡献了力量。纪念馆在举办展览上取得了较好的成绩，但是，如何打造出优秀的展览仍然是一个常谈常新的话题，也是一项让纪念馆从业人员倍感压力和挑战的重大任务。经过大量的办展实践，目前许多纪念馆基本形成了自己的展览工作流程。这些流程既充分体现了纪念馆的个性，也反映着纪念馆的共性，意味着纪念馆展览的打造并不是无章可循。这对刚从事或者即将从事纪念馆展览工作的人员来说，具有一定的参考意义。所以，有必要从某些纪念馆的办展实践出发，对展览打造的基本流程进行阐述。需要说明的是，纪念馆在打造展览的过程中，每一个具体的工作环节并不是严格地、完完全全地按照时间的先后顺序来执行。有些工作环节在时间上、在内容上、在用人上具有交叉性和重合性。尤其是在工期非常紧张的情况下，展览的内容设计、展品组织、形式设计等多项工作往往不得不齐头并进、同步实施。为了保证展览具体工作环节叙述的完整性，下文采用分模块的方式进行叙述。

一、主题选定

在纪念馆，展览项目的立项一般是从展览的选题和规划开始。展览的主题是统领展览各个单元的核心，决定着展览工作的基本走向，同时也是观众初步了解展览的"题眼"，影响着观众参观的第一印象和展览的实际传播效果。选定一个好的展览主题，犹如展览成功了一半，对于整个展览的工作以及展览内容的谋篇布局有着关键意义。当前，对纪念馆而言，展览主题的选定面临三种情况：

一是按照上级决策部署策划的展览。纪念馆是展示和宣传文化的重要场所，在国家文化宣传领域和国民教育领域有着重要作用。由于其文化性、公益性强，大部分纪念馆，特别是重要的革命人物类和革命事件类纪念馆，一般由相关文化文物部门归口管理。为满足国家文化发展需求和贯彻执行国家决策部署，上级主管单位有时会结合所辖纪念馆情况，下达策划主题展览的工作任务。这类展览的主题选定，主要以上级的意见为准，受上级决策指挥的影响较大，类似于"命题作文"，具有很强的指向性。

二是与其他单位合作策划的展览。随着《关于全国博物馆、纪念馆免费开放的通知》等政策的出台以及交通运输、信息传播技术的飞速发展，许多纪念馆经过十余年的奋斗已经彻底打破了"藏在深闺人不识"的局面，主动走进了社会公众的视野。其中，有些纪念馆紧跟时代特点，抓住发展机遇，成为旅游热和博物馆热的新晋主角。在宣传文化方面，有些纪念馆也从原来的"独奏"，转变为更加重视"协奏"和"交响"，同业界、公众的交流和互动更加密切、频繁。比如，联合举办展览是纪念馆与纪念馆之间常用的合作交流方式。同时，不少纪念馆会积极主动地向同行或名家引进展览，也会积极主动地向同行及其他机构如政府、学校、企业等宣传和输出展览。这些合作展览，大多数是基于纪念馆现有的展览而制作。所以，一般不再需要重新拟定展览主题，即便要对主题进行修改，也是小幅度的修改。对联合举办展览的双方来说，这是比较省时、省力、省心的一类展览。

三是自主策划的展览。根据文博事业的发展需要和自身功能特点，纪念馆界经常推出新的展览。尤其是已经被定级的纪念馆，会主动结合博物馆运行评估的要求，积极策划新的展览。对于自主策划的展览，主题的决策权和选定权基本归属于纪念馆。比如，纪念馆可以结合馆藏资源和传播目的，策划符合自身属性的主题展览；也可以结合时代主旋律和时政热点，策划服务于社会、服务于国家发展大局的主题展览；还可以结合社会公众的需要，策划服务于人民、为人民所喜闻乐见的主题展览；等等。更重要的是，自主策划展览也是纪念馆彰显其软实力和竞争力的重要方式。

这类展览在纪念馆展览体系中占有重要地位。

无论展览的由来如何，展览主题的选定，都是纪念馆策展过程中绕不开的中心话题，尤以自主策划的展览最为明显。展览主题犹如展览的"眼睛"，通常集中体现在展览的标题上，也是最先映入观众眼帘的第一展品。所以，策展方在选择主题时，都期待主题精练、醒目、明亮、动人，具有较强的识别性、思想性、教育性、启发性和艺术性。而选定一个好的展览主题需要经历多个环节，更需要群策群力、集思广益。下面以自主策划的展览为例，阐述纪念馆展览选题和规划的基本程序：

（一）开展调查研究，锚定办展方向

很多纪念馆一般都会提前谋划展览工作任务。有的纪念馆在当年年初或者当年之前制订展览工作计划。工作计划出来后，纪念馆的领导班子组织相关部门负责人进行研讨，并明确各部门任务分工，对展览前期筹备工作做好规划。其中，寻找政策依据、征求观众意见和摸清展览可用资源是展览前期筹备工作中的三项非常重要的工作。这些工作对锚定办展方向具有重要意义。首先，为了展览工作能够顺利推进，策展方必须搜集和研究最新的展览政策和要求，找到办展依据，明确办展原则。这些政策一般体现在中央有关文博工作的指示精神里和各级文化文物部门颁发的文件里，是办展的"指路明灯"。其次，为了办好令人满意的展览，策展方必须尊重和吸收观众的有益意见，尽早明确办展方向和具体要求。观众意见的征询分为馆内征询和馆外征询。在馆内，主要以开调研会、座谈会、讨论会等形式征求馆内广大员工的意见。

同时，也可通知各部门提交书面建议。之后，由相关行政部门或展览工作部门对馆内员工建议进行汇总，形成报告或备忘录。在馆外，主要采用线下和线上相结合的模式开展意见征询。线下，主要是成立调查小分队，向到馆参观的观众发放调查问卷，现场征询观众的看法。线上，主要通过互联网和问卷调查平台广发电子问卷，向有意向的网民征询意见。同时，也可采用电话、微信、QQ、传真等通信工具进行小范围的调查。意见征询工作结束后，策展方组织专门人员对馆内、馆外的意见进行分析和总结，形成意见最终稿，交由馆领导班子参阅。最后，结合观众意见体现的主要展览意向，对展览可用的资源进行初步摸底，考察展览是否具有现实的可操作性和可执行性。这项工作主要由纪念馆文物管理部门牵头完成，由策展团队提供线索，其他部门积极配合，其摸底结果对策展有着决定性意义。除了这三项工作外，策展方在前期筹备工作中还需通盘考虑本馆全年度的工作，争取做到工作与工作之间的综合平衡。尤其要对可用于支持展览工作的人力、物力、财力进行客观准确的分析，这对展览工作的开展、展览效果的呈现至关重要。倘若经过详细的调研和排查，展览不具备充分的物质基础，那么，这个展览项目空有意向，将难以执行，即便后期强力执行，其在落地实施过程中事倍功半，极有可能遭遇艰辛与曲折，甚至面临"难产"。所以，策展方在进行充分调查研究的基础之上，锚定一个既符合自身实际又符合观众期望的办展方向，是成功举办展览的首要前提。

（二）进行头脑风暴，抉择展览主题

根据前期的调查研究情况，纪念馆能够基本明确办展方向，之后便是组织员工进行策展，尽快敲定展览主题。选择展览主题需要经历一场场头脑风暴，是一项考验专业知识、专业能力、专业经验的细致活。目前，纪念馆征集选题的常见做法是反复开会讨论、发布征集令。采取开会讨论的方式时，会议主持人（一般为馆领导）在正式开会前先简单介绍前期的调查研究情况和工作成果，阐述办展的大致方向和基本范围，并对会议流程和注意事项作出说明；接着，与会人员围绕既定的办展方向，对展览选题展开充分的讨论和交流，抛出观点，碰撞思想火花。这个过程可以是开放式的，在场的每一个人都可以大胆地提出自己的见解，分享自己的奇思妙想，同时也可以分析和评价其他人的观点和见解。会议进行到最后阶段，采取求同存异的原则，对集体讨论的情况进行归纳，以形成共同意见，最后由主持人公布。如果遇到悬而未决的情况，馆方将启动下一轮的研讨，直至选定展览主题为止。为了提高工作效率，有的纪念馆也会采取"命题作业"的方式，即先由展览工作部门结合办展方向，拟定几个题目作为候选的展览主题，然后再上会讨论抉择，接着由与会人员集中研讨，辨明利弊。在这种情况下，选题花费的时间比较少，与会人员讨论时也更有针对性，能够比较快速地选定结果。在时间充裕的情况下，纪念馆也经常通过发放通知、文件的形式，征求各个部门员工关于展览主题的意见，鼓励员工开动脑筋，发散思维，踊跃建言，推陈出新。员工意见最后以部门名义提交展览工作部门汇总，再交由馆领导班子决定。为了选择最佳主题，纪念馆通常不会局限于一种选题方式，而是多管齐下，还包括对外征集的方式。展览主题初步确定后，纪念馆还必须征询业界专家和主管部门的意见，并结合有关意见进行适当的修改，让后续展览工作的推进更有底气、更有保障、更有效率。

事实上，在选择展览的主题时，纪念馆有着一定的原则或标准。例如：一是展览主题要符合纪念馆的属性，响应时代需求。纪念馆是国家宣传思想和文化的场所之一。展览主题的选择，必须考虑纪念馆的政治性、文化性、公共性等，要能够传承国家历史记忆、优秀文化基因，展现纪念馆在新时代精神文明建设和文化建设中的使命担当。二是展览主题要具有现实意义。纪念馆是联系过去、现在和未来的重要桥梁。回顾"昨天"、记录"今天"是为了更好地走向"明天"。纪念馆应该充分发挥好以古鉴今、以史育人的作用，深入挖掘本馆藏品承载的历史故事、人文精神、道德规范，并通过举办展览等一系列外化形式为现实和未来服务。三是展览主题要具有可执行性。纪念馆展览主题的选择，既要上接"天线"，又要下接"地气"，还要有人、财、物的支持，要能够落地实施。四是展览主题要便于观众所识别和记住。对观众来说，每一个展览所传递的信息都非常丰富。观众要在比较短的参观时间内记住展览所有的信息几乎是不可能的，往往只能留下几个记忆片段。随着时间的推移，这些片段在脑海中也会逐渐模糊。很多人到最后可能只对展览的主题留下一点微弱的印象。展览主题是所有展览内容指向的灵魂和核心。如果观众记住了主题，从某种程度上讲，也就从事实上记住了展览的存在。所以，为了让展览能够深入人心、历久弥新，选择一个便于观众识别和记住的主题非常重要，也是策展人在策展时必须解决的问题。

二、策展规划

展览主题基本确定后，策展方需要制定完备的展览策划方案（也称策展规划）。一旦展览策划方案确定，意味着展览的办展方向和策展思路也基本确定，展览的主题也不会再有大的变化，遇不可抗力因素的情况除外。因而，完成展览策划方案，也被视为是确认展览主题、办展方向和策展思路的重要环节。纪念馆制定展览策划方案主要有三种途径。第一种是效率最高的方式，即由本馆展览工作部门起草展览策划方案。第二种是比较开放的方式，即在全馆开展展览策划方案的征集活动，鼓励全馆员工积极参加，按部门、按团队或按个人的名义提交展览策划方案。第三种是耗时较长且需要支付一定报酬的方式，即向馆外征集展览策划方案，其中最常见的是将展览策划方案外包给展陈公司。无论采取何种方式，展览策划方案都必须经过馆方的评审，方可确定。以第一种途径形成的展览策划方案为例，展览工作部门完成展览策划方案初稿后，需要将初稿提交给馆领导班子初步审阅，发放到各部门征求意见，最后再提交会议决策。这个时候的展览策划方案初稿，相当于一份"靶子稿"，要经历各个部门人员的审视和评价。展览工作部门收到各方意见后，对展览策划方案进行修改完善，直至形成方案定稿。又如，采取馆内征集这一途径时，展览策划方案的形成和定稿相对比较复杂。首先，由馆方行政部门或展览工作部门围绕展览主题制定征集活动方案，明确征集目的、范围、要求等，并将活动方案分发至各个部门，组织动员员工积极参加征集活动。接着，有意参与的员工在规定时间内完成展览策划方案，并以个人名义或集体名义将方案提交到征集工作的负责部门。然后，征集工作的负责部门对所收集到的全部展览策划方案进行汇总和初步分析，形成报告。征集活动情况上报馆领导后，馆内组织召开公平、公正、公开的展览策划方案评审会。在评审会上，在场的馆方评委或外请专家，随时可以针对展览策划方案的各个细节进行提问。这需要展览策划方案的执笔者不仅要做好汇报方案的准备，而且要做好问题答辩的准备，在特殊情况下，还要做好经历几轮评审的心理准备。评审会后，最终付诸实施的展览策划方案，一般是评委认可的最佳展览策划方案，同时也有可能是融合多个展览策划方案优势的综合版本。展览策划方案的撰写，需要专业知识和工作经验的支撑，体现着纪念馆员工的知识素养水平、工作能力水平和实践经验水平。虽然，在很多情况下展览策划方案只有几千字，但是，它对整个展览项目有着统领性和总括性的意义，是对展览各项工作提前作出规划的文本，包括展览的主题、展览的定位、展览的传播目的、展览的时间和地点、展览的设计理念、展览的内容构建、展览的人员安排、展览的任务分工、展览的工期计划、展览的注意事项等方方面面的内容。可以说，展览策划方案的质量水平，反映着纪念馆策展的能力水平，也关乎着展览项目的前途和命运。

三、团队组建

展览的策划和实施是一项集学术、艺术和技术于一体的精细化、创意化的作业。从实际的操作过程来看，展览的策划和实施是一项工程量大、运作周期长的大型创作活动，同时又是一项琐碎繁杂、事事需谨慎的细致活、"苦差事"。它要求展览项目的工作人员必须做到事无巨细、全力以赴。所以，组建一支讲政治、有能力、肯担当、能吃苦的展览工作队伍，对于整个展览项目的顺利实施至关重要。

纪念馆组建展览工作团队的情况与某些博物馆的情况有所不同。有的大型博物馆，拥有很强的策展能力，其下辖的一个部门就可以独立策划实施一个展览，而大部分纪念馆目前无法做到这个程度，策划一个展览往往需要举全馆之力，组建专门的工作团队。纪念馆在组建内部的展览工作团队时，其人员的确定一般采取两种方式：一种是由馆方直接指定人员；另一种是动员各部门员工自主报名，再由馆方会议审议决定人员。展览工作团队最终以项目工作组的形式呈现。项目工作组由馆领导班子负总责，同时吸收各种专业背景的人员作为成员，如研究人员、陈列人员、财务人员、文物人员、宣教人员、纪检人员、后勤管理人员、数字技术人员、安全保卫人员等。在项目工作组之下，结合展览工作的具体内容以及各个成员的专业情况，还分设具体的工作小组。小组的组长一般由部门负责人或者拥有副高级职称以上的人员担任，要求具备较强的专业素养和丰富的陈展工作经验，能够及时对本小组所负责的全部工作进行统筹和把关。展览工作团队组建成功后，各小组成员对各小组组长负责，各小组组长对馆领导班子负责。当展览的工作任务确定和下达后，展览项目工作组的各小组、各成员必须以"按时按质完成展览项目"为目标，提高认识，明确责任，各尽其职，齐心协作，形成良性互动、优质高效的工作机制，共同跟进展览各项工作，对展览工期进度、质量水平和展示效果进行严格把关，直至整个展览项目工作顺利完工。以下为纪念馆内部展览工作团队示例：

1. 展览项目领导组：馆领导班子

组长：×××

成员：×××

职责：负责展览项目的总体规划、协调、把关和验收。

2. 展览项目工作组

①资金管控组

组长：×××

成员：×××

职责：负责展览项目资金争取和支付，项目投资规模报批，项目政府采购程序报批，项目进度款审核，项目后勤物资发放，项目竣工后新增资产清查入账；主要参与招标文书、合同拟定；项目概算、预算、决算、评审；等等。

②行政保障组

组长：×××

成员：×××

职责：负责展览项目招标和采购，相关合同起草、审核和签订，公文承办，通知发布、会务服务，公务接待等。

③内容策划组

组长：×××

成员：×××

职责：负责展览内容方案的撰写和报批，展品清单列项，文物征集线索提供，内容与形式磨合，设计稿、制作稿和展厅现场校对，基础讲解词撰写和审核，展览图录编辑出版等。

④展品组织组

组长：×××

成员：×××

职责：负责展品清单核对和查找，展品征集、入库和出库，展品图像采集，展品仿制，展示环境监测把关等。

⑤展陈设计组

组长：×××

成员：×××

职责：负责展览设计和施工进度的跟进、协调，与其他工作组、乙方（承接任务的公司）的对接，展示设计的评审和效果把关，现场文物展品提取和布展，专题会议记录等。

⑥基础施工组

组长：×××

成员：×××

职责：负责展览基础施工的质量和管理，水电、空调、照明、消防、安防设备的安装衔接和施工监督等。

⑦宣传教育组

组长：×××

成员：×××

职责：负责展览讲解词深化、展览讲解、宣传活动的策划、配套教育课程的开发等。

⑧数字技术组

组长：×××

成员：×××

职责：负责展览多媒体技术把关、数字设备运行维护、相关媒体报道和宣传工作等。

⑨文创开发组

组长：×××

成员：×××

职责：负责展览项目配套文创产品的开发、生产、销售和推介等。

⑩安全开放组

组长：×××

成员：×××

职责：负责展览安全巡查、参观秩序维护、预约管理等。

⑪纪检监察组

组长：×××

成员：×××

职责：监督展览项目各项工作。

纪念馆内部的展览工作团队组建完成后，还涉及外部工作团队的选择，比如专家顾问团队、设计和施工团队、工程监理团队、消防和安防工程团队、技术服务团队等。为了适应新的发展趋势，进一步提高纪念馆策展、宣教、科研、管理、运营的能力和水平，在政策允许的情况下，不少纪念馆都会聘请若干专家作为本馆的工作顾问。专家顾问团队的成员一般来自博物馆领域、教育领域、学术领域的专家或权威人士。他们拥有较高的专业理论水平、丰富的工作实践经验和广泛的社会联系，主要从事博物馆工作或关注博物馆事业，在专业上有所建树，在社会上、行业内有一定影响。他们能够为纪念馆事业的发展进步出谋划策，可以参与纪念馆重点项目的咨询、调查、研究、论证、评审等工作。在筹办展览的过程中，这些专家顾问主要承担展览内容策划、形式设计方面的咨询和指导角色，其相关建议在平衡各方关系、解决工作难点、推进展览工作上有很大的参考性意义。纪念馆在选择展览专家顾问团队时经历的程序相对简单，基本只涉及纪念馆及专家顾问两方，在职在岗的专家除外。

在选择设计、施工、监理等其他团队时，纪念馆需要经历的程序相对复杂。尤其是财政全额拨款的纪念馆，在选择设计和施工服务的供应方时，必须严格执行政府采购相关程序和法律规范，走公开的招投标流程。在这个过程中，纪念馆要进行项目的报批报建，编制资格预审和招标文件，发布资格预审和招标公告，参加资格预审、开标、评标和定标等多个环节的工作。其中，每一个环节都有严格的时间要求和程序要求，纪念馆必须实时跟进，及时执行。同时，在筛选团队时，纪念馆必须重点考察对方的合法性和专业性。比如，在筛选设计和施工团队时，纪念馆作为招标方，需要仔细考察投标方（也称应标方）的资质资格、工作经历、荣誉业绩、专业能力以及投标方针对展览提出的有关构想和形式设计初步方案等。而且，为了保证展览建设工程的质量和水准，减少一些不必要的成本，很多纪念馆也通常倾向于选择兼具设计和施工资质的单位作为中标者，以实现后期展览设计施工一体化操作。在实践中，招投标工作是一项系统复杂、公开透明并引入竞争因素的程序性工作，尽管繁琐又耗时，却是纪念馆向外选择优秀工作团队的必经渠道。

展览工作团队是展览项目的人力保障，也是推进展览项目工作的核心力量。从长远发展的角度来说，纪念馆在搭建工作团队时，要以自力更生为主、争取外援为辅，有意识地拉动内驱力，努力克服展陈工作面临的困难，打造属于纪念馆自己的专业的展览工作队伍，更不要让自己的展览工程沦为"交钥匙"工程。一方面，纪念馆要充分尊重和发挥本馆员工的主观能动性，最大限度吸收本馆各个部门的有志者加入展览工作队伍，形成全馆联动的合力。另一方面，纪念馆在充分调动员工积极性的同时，要注重提高员工的展陈工作素养，培养员工的综合能力和专业能力，并通过展览项目工作来培养员工、锻炼员工，在具体的展览工作实践中打造出想干事、能成事的展览人才队伍，铸就纪念馆的核心竞争力。同时，在选择外部合作团队时，要严格审查外部团队的合法性和专业性，重点考察其资质、业绩和能力，争取做到强强联合、优势互补，共同做好展览的建设工作。

四、资料征集

展品资料是展览制作的重要物质保障，也是承载历史故事和传播知识文化的重要载体。在纪念馆，展品资料的组织是一项非常精细的工作。在本馆藏品资源充足的情况下，展览所涉及的展品资料的组织将比较顺利。一般先由内容策划人员列出展览所需要的展品资料清单，提交给文物工作部门。接着，文物工作部门对照资料清单查询库房馆藏，然后做好资料的准备工作，待到需要布展的时候再正式将展品资料提取出库。可是，在实际的展览工作中，纪念馆并不是每次都能够做到展品资料的自给自足，这时候就需要向外争取帮助，也即纪念馆从业人员口头上习惯说的文物资料征集工作。开展文物资料征集工作是纪念馆组织展品资料的常用手段，也是纪念馆丰富馆藏的一项常设性工作。在筹办新展览的过程中，纪念馆一般提倡在展览内容策划之前就开启展品资料的征集工作。但为了保证展品资料的精准性，纪念馆的展品资料征集工作往往与展览内容策划工作同步，有时还发生在展览内容方案初稿形成之后。下面结合某些纪念馆征集工作实践，对展品资料征集的流程展开叙述。

（一）结合展览需要，确定征集线索

内容策划人员在撰写展览内容大纲时，会提前对馆藏展品资源进行了解，接着结合馆藏展品资源情况，梳理出需要进一步补充的展品资料。为了提高工作效率，有的馆通常由内容策划人员负责提出征集方向和征集线索，并开列展品资料的征集清单。线索的来源，可分为线下和线上两种情况。线下，主要是围绕展览主题，搜集和查看相关书籍、画册、报告等纸质资料，然后沿着纸质资料中所提到的有关内容，梳理出可用的展品线索。线上，主要是结合展览需要，通过互联网、微博、公众号、视频号等媒介查阅相关博物馆、纪念馆、档案馆、电视台等公布的信息来获取展品的征集线索，比如公开发布的展览活动、文史类纪录片、博物馆节目以及有关文物的新闻报道、研究文章等。征集的方向

和线索基本确定后，内容策划人员按照名称、年代、类别、归属单位等要素逐条撰写展品资料的征集清单，随后交给文物工作部门进行核对和报批。每一批展品资料征集清单在执行前，必须先在馆内进行摸底排查，以避免后期出现重复征集的情况。展品资料征集清单经过内容策划人员和文物工作部门几次核对和排查后，再交由馆领导审核。需要说明的是，此时的展品资料征集清单还不是最终的征集清单，后期会随着征集的实际情况有所变化。馆领导审核通过清单后，文物工作部门便开启外出征集的准备工作。

（二）前往被征集单位，明确征集范围

展品资料征集清单在馆内基本确定后，文物工作部门就会制订外出征集的计划、准备工作联系函等，并报馆方审定。外出征集的计划，一般包括时间安排、路线规划、人员组成、责任分工、交通方式等内容。工作联系函是"敲门砖"，目的是从公事公办的角度方便双方建立正式的工作联系。在正式外出之前，文物工作部门一般会预先与被征集单位取得联系，提前将展品资料征集清单发送给对方了解。被征集单位收到展品资料征集清单后，从工作安全的角度出发，会邀请征集方亲自前往现场进行踩点和了解。只有少数博物馆、纪念馆可以接受线上征集的方式。征集准备工作完成后，成立展品资料征集工作小组，其成员必须有熟悉馆藏的文物工作人员和熟悉展览内容的内容策划人员。在正式外出征集时，一般由一名主管领导带队，文物工作人员负责联系协调，其他人员相互配合。值得注意的是，为了保证征集内容的准确性和有效性，即使有些关键的文物工作人员和内容策划人员无法抽身前往，展品资料征集小组也必须与他们保持密切的沟通联系，

随时就征集内容进行交流和探讨。展品资料征集小组到达被征集单位后，主要有两项工作任务，即参观被征集单位和开展座谈交流。假如被征集单位是纪念馆，征集小组会提出参观被征集单位的陈列展览、所辖文物旧址或文物库房的请求。在参观时，征集小组会结合展品资料征集清单和被征集单位实际展出情况，重点记录与本馆新展览相关的展品资料条目和信息，同时也会关注人有我无、我有人优的内容。在开展座谈交流时，所涉及的内容包括：一是双方相互了解对方单位的基本情况；二是征集方重点介绍新展览的策划情况和展品资料的缺口情况，请求被征集单位给予支持；三是双方就征集事宜的有关程序和下一步要做的工作进行商讨和初步约定；等等。一般情况下，为了节约征集的时间和费用成本，不影响新展览的后续工作，展品资料征集小组在走访完第一个被征集单位后，会马不停蹄地赶往下一个被征集单位。在每一次外出征集资料的过程中，日程安排都十分紧凑、紧张，要求征集小组成员必须打起十二分精神，紧锣密鼓地做到一环扣一环，轮轴转的工作模式更是常态。白天，征集人员踩点收集资料；晚上，规划第二天的具体行程，尤其是内容策划人员要结合征集工作的情况，对展品资料征集清单作进一步的梳理，包括增减、细化、调整等，以免遗漏或忘记。可以说，展品资料征集工作是对征集小组成员体力和脑力的一场考验。

（三）确定征集条目，提交被征集单位

展品资料征集小组结束征集工作返回本馆后，需第一时间对被征集单位可用的资料条目进行整理和归类，并统计总量。一般针对每一家被征集单位都会列一个独立的征集条目清单。在开列

征集条目清单的过程中，工作人员会按照图片、文献、实物、音频、视频等形式进行分类，让被征集单位查看时一目了然。如果列出的征集条目比较多，馆方将组织相关人员开会，对所有征集条目进行逐条讨论，使征集条目清单更加科学有效。这样做，既能够充分尊重被征集单位，也能够更好地满足本馆的需求。讨论会结束后，内容策划人员和文物工作人员根据会议精神，对所有征集条目清单作进一步的梳理和修改，形成最终的征集清单。征集清单经馆领导审核后，提交被征集单位审核。若被征集单位无异议，征集方则将征集清单以正式公文的形式提交被征集单位，等待被征集单位准备资料。若被征集单位有异议，馆方将结合被征集单位的意见再次进行商讨，进一步修改完善征集条目清单，直至无异议后，再以正式的公文形式提交被征集单位。由于有些被征集单位的性质和地位具有特殊性，馆方在向他们开展征集工作时，必须充分尊重他们的属性，严格按照他们的要求和流程办事，不可操之过急。比如，向有的档案馆征集资料时，从安全性和保密性的角度出发，必须出具上级主管行政机关的公函，并征得对方主管行政机关的同意，才能正式开启征集工作。在后续查看资料、确认资料、提取资料等环节中，档案馆的程序同样非常严谨和繁琐，往往需要通过多个部门的合作或多个层级的审批。即使如此，征集方也必须遵守有关法律规定和文件精神，尊重档案馆的工作模式，严格按照档案馆的要求和程序执行。在征集过程中，只有相互支持和理解，征集方和被征集方才能达成共识，从而顺利地完成征集任务。

（四）获取新征集展品资料的数据

由于新征集的展品资料需要经历一些程序、一定时间才能到位，所以提前获取展品资料的具体数据，对于展览的制作至关重要。获取资料的具体数据主要关乎三个方面的需要：一是用于文物仿制，二是用于展览设计，三是用于存档管理。其中，前两项直接关系到展览的制作。特别是在很多情况下，展品资料中的绝大部分资料实际上就是文物资料。由于文物资料具有稀缺性，所以文物征集并不是每一次都能够征集到文物原件，大多数的情况是征集到文物的原始数据以及授权复制的权利。对于需要复制的文物，首先需要对文物的相关数据进行采集，然后再交由专业的机构进行复制（目前不少纪念馆的文物复制都是交给第三方公司承担，并支付相关费用）。从一些纪念馆的实践来看，文物复制的周期比较长，基本上要到展览的施工阶段才能到位。在展览设计方面，为了保证工期，很多展览的形式设计策划一般在展览内容方案初稿形成之时就开始启动。在设计前期阶段，即使是进行概念设计，也必须有一大半的展品资料作为支撑，否则将难以呈现设计的效果。在设计过程中，图片、图表类的展品资料的展示形式相对来说比较容易处理，能够随展陈实际的变化而适当变化。但是，其他实物性的展品资料（如纸质版文献、文物、艺术品等）的规模尺寸基本既定，不易调整，需要提前给它们确定好展示形式并留足空间。这一类展品往往也是最后到位的展品，对展陈设计的影响较大。为了保证展览设计工作的顺利进行，在实物性展品资料不能到位的情况下，策展方只能保证数据先行，请求被征集单位先提供展品资料的尺寸、数量、材质、形状等数据，然后再将数据提供给展览设计师作为设计参考。

（五）新征集展品资料的接收入库及信息整理

在展品资料征集的过程中，征集方和被征集方一般都会就展品资料的数量、规格、用途、点交方式和时间等相关事项签订明确的协议，以保障双方的权益和展品资料的安全性。展品资料准备妥当后，征集方会到被征集方指定的地点进行展品资料的清点和确认，并办理交接手续。如果征集的展品资料较多且贵重，征集方同时又无法自行携带，那么，交接手续完毕后，通常会邀请专业的文物运输服务公司对展品资料进行包装，然后由该公司将展品资料运送到征集方。需要注意的是，为了防止运输途中出现展品资料损坏的情况，征集方还必须提前购买好相关保险。目前，国内有关文物、艺术品的保险工作越来越成熟，并且在博物馆行业内逐渐普及。有的公司推出了从收藏单位到参展单位全过程的运输一切险、财产一切险；还有的公司甚至推出了展品从包装、运输、布展、展示、撤展到收回库房的一切险；等等。为确保展品资料的安全以及自身权益，征集方应该广泛咨询保险公司，为所征集展品资料购买最合适的保险。展品资料抵达目的地后，征集方要第一时间对展品资料的数量和完好程度进行检查。检查无误后，征集方需办理好收货手续，将展品资料进行归类整理，然后编目、登记入库。待展览布展需要时，再将展品资料提取出库。此外，展品资料的入库，并不是意味着展品资料的征集工作彻底结束。文物工作人员还必须配合内容策划人员做好新征集展品资料相关信息的完善，尤其是展品资料背后的故事、价值、意义和研究成果的搜集和整理，以方便后期释展。

纪念馆在征集展览的展品资料时，除了上述常用的传统征集方式外，也会采取一些其他的方式。比如：借助互联网传播速度快、传播范围广的优势，在网上面向社会发布公开征集展品资料的公告。采取这种网上发布公告的方式，首先必须做好公告内容的写作，应在公告内明确征集的目的、征集的范围、征集的对象、征集的要求、征集的形式、捐赠品的利用、联系方式、截止日期等。在收到应征者的响应后，征集方应积极建立良好的沟通关系，对应征者所藏展品资料进行鉴定。若经过鉴定，展品资料符合征集方要求，那么，征集方和应征者正式进入交接流程。征集方将为应征者举办隆重的交接仪式，并颁发收藏证书。纪念馆一般提倡应征者进行无偿捐赠，所以很多交接仪式实际上是捐赠仪式，同时也尊重应征者提出的寄存和借展等方式。此外，纪念馆经常采用一种"淘宝"式的征集展品资料的方式，即到古物市场购买收藏品，到旧书店（旧书网）购买旧的书籍和文献，到一些收藏人士家里购买文物资料等。每家纪念馆在开展展品资料征集工作时，都会选择多种方式同步征集，目的是确保新展览的展品资料齐全、可用。

（六）展品资料征集的注意事项

一是必须做好前期准备工作。俗话说，有备而无患。若要征集工作能够顺利开展，提前做好准备工作十分必要。首先，提前熟知被征集单位的基本情况。不管去哪家单位征集，征集工作人员必须提前对被征集单位的基本情况进行了解，尤其是被征集单位的收藏情况。只有掌握其基本情况，双方才有沟通的基础。在后期的征集过程中，征集工作人员才能够与被征集单位进行有效的、有针对性的沟通，从而做到有的放矢，避免无从下手的尴尬。其次，必须准备好工作联系函。在公务工作中，向被征集单位递交工作联系函，是征集方讲究程序和规矩的重要表现，也是征集方尊重被征集单位的一种态度体现。一方面，征集工作人员在出发前，应通过传真、微信、邮箱等方式提前将工作联系函发给被征集单位；另一方面，为了避免出现意外情况，征集工作人员还必须随身携带纸质工作联系函或者介绍信前往被征集单位。再次，在条件允许的情况下，准备好本馆自主研发的特有产品、资料。开展征集工作是单位与单位之间、个人与个人之间进行学习交流的良好机会。特别是到纪念馆、博物馆开展征集工作时，征集工作人员向对方赠送本馆开发的特色文创产品、资料非常有意义。这样既宣传了本馆，也方便对方对本馆的了解，建立更加紧密的联系。最后，也是最重要的，必须提前建立良好的沟通联系。开展征集工作时，征集工作人员不能没有经过联系就直奔被征集单位，而应该事先建立起充分的沟通联系，提前将自己的征集意向和行动告知对方，待对方同意后再赶往被征集单位。这样做，既可以提前了解对方的回应态度，也可以让对方提前做好准备，迎接征集者的到来。同时，这也彰显了征集方的礼仪和作风。

二是必须善于广泛撒网。有人曾把开展展品资料征集的过程比喻成"大海捞针"。这形象地道出了展品资料征集工作的难度和不确定性。事实上，在开展征集工作时，谁也不能保证每次展品资料的征集工作都是成功的。四处碰壁、无功而返也是征集工作中会遇到的问题。那么，如何提高展品资料征集的成功率？常用的土办法，也是比较有效的办法，就是：铺开征集面，广泛撒网，即凡事多管齐下，不把征集的希望寄托在一家单位或者一个人身上。比如，同一主题的文物，有可能同时出现在多个场馆。如果在某个馆征集不到，那就前往下一家；再不行，找另外一家；甚至还可以找其他商家、个人。当然，要做到广泛撒网，前提是要平常多留心外界与本馆业务相关的资讯信息，而不是到了要开展征集工作的时候，才临时抱佛脚。同时，还应该多结交纪念馆、博物馆、收藏界的朋友，并保持沟通联系。有的时候，展品资料征集的线索就不经意地出现在朋友之间的聊天话语中。所以，纪念馆平时要善于维系关系，多关注与本馆相关的人和事，多与相关的单位和个人合作交流、互通有无。在某种程度上，这些都有助于纪念馆在开展征集工作时快速获得征集线索，提高征集的成功率。

三是必须做好信息梳理。展品资料征集回来的目的是用于展览，为阐释展览主题服务。但在现实中，有的纪念馆存在展品资料信息割裂的情况，不能充分发挥展品资料的叙事作用。造成这种情况的原因，主要是没有及时对展品资料信息进行全面系统的收集和梳理。比如，有的纪念馆在征集展品资料时，提出征集线索的是内容策划人员，然后，实际外出征集、确认和接收展品资料的是文物工作人员。但事实上，有的文物工作人员往往只做程序性方面的工作，并不善于对所征集展品资料的信息进行系统的梳理和研究。而内容策划人员又因没有身临征集现场，也无法及时获知所征集展品资料的时代背景、流传经历、相关知识图谱等。这就导致了所征集展品资料信息的割裂。即使所征集展品资料被展览选用，也存在说不清道不明的情况，更无法充分阐释其价值，发挥其教育作用。所以，为了让征集回来的展品资料有所用、有所值，纪念馆相关人员应该培养收集和整理展品资料信息的意识和习惯，积极进行展品资料的研究。尤其是内容策划人员要紧跟展品资料的征集工作，时刻与文物工作人员保持沟通联系，尽可能全方位地掌握所征集展品资料的信息。在条件允许的情况下，内容策划人员一定要全程参加展品资料的征集工作，亲身见证所征集展品资料的来龙去脉。而文物工作人员也要第一时间做好所征集展品资料的信息梳理，及时反馈给内容策划人员。这样，展品资料的征集工作才有效果、才有意义，也才能更好地服务展览、服务观众。

与此同时，在展品资料的征集工作中，工作人员还应该坚守文物保护的底线，在提取、查看、运输、归档等各个环节中要保障展品资料的安全；要充分尊重被征集单位的意愿，达成良好的共识，签订相关协议；要养成严谨工作的习惯，对展品资料的整理和归档要科学精准；对出现不同说法的展品资料，要积极进行考证和研究；等等。

此外，值得注意的是，在筹办展览的过程中，展品资料的提供也是非常重要的问题。在展览内容方案撰写阶段、展览形式设计阶段、展览落地施工阶段，都会涉及展品资料的提供。在展览内容方案撰写阶段，内容策划人员需要查询大量展品资料的详细信息，包括名称、年代以及其附属的其他信息。特别是涉及新征集的并被写入内容方案的展品资料时，文物工作部门不仅要及时向内容策划人员提供新征集展品资料的详细信息，而且要提供比较清晰的新征集展品资料的小样图。为了减少展品资料的错漏，这些展品资料的详细信息和小样图还必须严格按照内容方案条目的顺序进行编号。在展览形式设计阶段，本着"应提供尽提供"的原则，所有的展品资料的详细信息和原图或小样图都必须提供给形式设计师。在展览落地施工阶段，所有的展品资料都必须到位，尤其是实物性的展品资料。在提供展品资料的过程中，不同部门会根据不同的工作内容形成不同的清单，如展品资料查询清单、展品资料提取清单、展品资料确认清单、展品资料布展清单等。这些清单的制作也需要依据展览内容方案的顺序进行编目，同时也要进行归类，包括图片类、文献类、文物类、视频类、艺术品类等。

第三章
纪念馆陈列展览的内容策划和形式设计

一、内容策划基本步骤

在纪念馆，展览的内容策划是展览全部工作流程中十分重要的一个环节，包括自主策划、联合策划和外包三种方式。一般情况下，大多数纪念馆都会选择自主策划或联合策划的方式，并且讲求"内容为王"，将大量的时间和精力投注到展览内容的策划上。同时，也有纪念馆由于条件有限或者其他原因，把展览的内容策划交给社会上的文化企业来承担。从纪念馆的展览工作实际来看，重要题材的、叙事型的展览内容策划一般需要花费较长的时间，短则几月，长则几年，其最终文本成果有几万字到上十万字不等。展览内容策划的文本成果也叫展览内容方案，是一种围绕展览主题，按照一定格式，将展览策划目的、相关学术成果、展览结构安排、内容叙事逻辑、展品陈列组合、形式设计提示等以文字形式体现出来的规范性文本。它是展览各个要素实现具体化、形象化、可视化的前置条件，是展陈设计师进行展览形式设计的依据和蓝本，同时也是决定展览前途命运、影响展览质量和效果的关键因素。根据一些纪念馆自主策划展览的实际，展览内容策划的流程大致如下：

（一）紧扣主题，开展研究

一个优秀的展览内容方案文本首先是建立在充分的学术研究和资料分析的基础之上。一般来说，策展方在选择展览主题时就已经开始了基础研究工作，对展览所需的展品资料进行了初步摸底。展览主题确定后，内容策划人员则进一步加大学术研究工作，尽最大可能和最大限度搜集、整理和分析展览相关资料，包括学术研究成果资料和现有展品资料等。学术研究成果资料的呈现形式多种多样，一般有课题、著作、论文、文献汇编、课程、展览、图录、视频等；展品资料同样非常丰富，一般形式有文物、文献、图片、图表、影像、辅助展品等。内容策划人员只有充分掌握和研究展览的相关资料，才能建立起展览内容方案的写作基础。以革命人物类纪念馆为例，内容策划人员在着手撰写一个与革命人物相关的展览内容方案时，首先必须对革命人物的生平、思想、业绩、人格、风范等方方面面进行比较系统全面的了解。一是要广泛搜集和深入了解革命人物留下的著述文稿；二是要广泛搜集关于革命人物的学术研究成果，包括著作、文章、课题等；三是要广泛搜集与革命人物相关的画册、图录；四是要广泛搜集和了解革命人物的亲属、朋友、同学、同事等对革命人物的回忆和评价；五是要搜集和了解官方或重要领导人对革命人物的叙述和评价；等等。其次，内容策划人员必须对展览所需展品资料进行充分的了解和研究。展品是展览空间的"主角"，是构建展览的物质基础。内容策划人员不仅要把握好馆藏现有可用展品资料的基本情况，摸清楚每一件展品的来源、时代背景、流传经历、与人物的关系、承载的故事、尺寸、材质、级别、类别、用途、意义等，而且要关注业界对展品资料的研究。这对后期展览的阐释具有重要意义。同时，内容策划人员还要眼睛向外，尽可能地多了解一些馆外的相关展品资料，包括其他博物馆、纪念馆的收藏和展览，档案馆的收藏和展览，社会人士的收藏等。内容策划人员只有充分做到知己知彼，才能保证在撰写展览内容方案时"有米下锅"。

（二）依据资料，撰写大纲

展览大纲类似于书籍的内容提纲，是形成展览内容方案的前提和基础，也可以说是展览内容方案的"龙骨"，主要包括：展览的策划理念、标题、各个单元的基本框架、主要展品示例。内容策划人员在搜集完展览所需要的学术研究成果资料和展品资料后，会对所有资料进行整理、归类和分析；接着，从学术研究成果资料中汲取提炼各级标题、布局单元结构的灵感，从展品资料中选取各个单元所需要的展品；然后，将这些灵感、创意、信息以文字的形式表现出来。这个过程实质上就是将所获得的各种学术知识和资料信息转化为直观化、形象化、格式化的展览大纲的过程。在撰写展览大纲这一阶段，内容策划人员要做的重点工作是明确和理顺展览的叙事方式、逻辑脉络、结构安排、单元与单元之间的关系、主要展品的安排。展览大纲初稿出来后，为了保证展览大纲的完整性、合理性、精准性，内容策划人员还需要将展览大纲初稿提交给馆内领导、专家审核。随后，结合馆内领导、专家的修改建议，内容策划人员对展览大纲进行修改，这个过程往往需要反复多次。在筹办重要的或大型的展览时，策展方还会将馆内基本确定的展览大纲提交给馆聘专家、馆外专家审核。若这些专家提出了修改意见，那么，内容策划人员要分析和领悟专家的修改意见，实事求是地对展览大纲进行修改、完善，直到通过专家们的审核。很多情况下，一个展览的大纲，需要经历反复的修改，少则几次，多则上十次。同时，展览大纲只有得到馆内外领导、专家的一致认可，才能基本定稿，进入深化阶段，即形成展览内容方案的阶段。

（三）深化大纲，形成方案

展览内容方案是在展览大纲基础之上形成的精细化文本，是展览大纲的进阶版和升级版。展览内容方案的撰写往往需要花费大量的时间，最难的环节之一就是形成内容方案初稿，这是一个从无到有、从有到优的过程。虽然，展览大纲基本确定了展览内容的基本轮廓和大致方向，但是还有大量精细化的内容需要填充和梳理，甚至有可能随着具体内容的调整，展览大纲也不得不重新调整。一个全面完整的展览内容方案，一般包括显性的和隐性的两大块内容。显性内容，即在展览空间中能够直观地体现在观众眼前的内容，包括：前言、结语、各级标题、单元说明、部分说明、组说明、总说明、各种直观性展品（图片、文物、文献、文摘、图表、影像、艺术品、模型等）、展品说明词等。隐性内容，即在展览空间中不能被观众一眼所捕捉到的内容，包括：设计创意提示、多媒体视频创作脚本、扫码内容、感应内容、互动内容等。内容策划人员在撰写展览内容方案时，要做的就是在展览大纲的基础之上，有机地将显性内容和隐性内容融为一体，创作出一个全面、系统、精细的展览内容文本。

在撰写展览内容方案的实际过程当中，做好内容逻辑的构建、各种文字的写作、各类展品的选用以及形式设计的提示是重中之重，也是保证展览内容方案质量、展览工程能否正常实施的关键。

在内容逻辑的构建上，一般流程是：首先，依据所掌握的材料，紧扣展览标题，梳理出展览的故事线，提炼各个单元标题，谋划全篇。这一过程实际上在撰写展览大纲阶段已基本完成，到了撰写展览内容方案阶段，则需要结合展览大纲中已有的内容作进一步的细化和优化。然后，在展览总故事线的统领之下，分别构建各个单元的分故事线，提炼单元以下的各个部分的标题，并选取合适的展品支撑分故事线和单元主题。以此类推，还可以结合每个部分或每个小组的基本情况再细分故事线，提炼各级小标题。最后，进一步理顺单元内部各个层级的逻辑关系，一环紧扣一环撰写出完整的内容方案。从反方向看，构建内容逻辑的要求就是：每个具体的内容条目或条目组合要向组标题负责，每个组的内容要向所属部分的标题负责，每个部分的内容要向单元标题负责，每个单元的内容要向展览标题负责。展览标题统领展览全篇内容，各分项内容要向展览标题看齐。虽然，不同的展览在体量上、在格式上、在手法上有不同的要求，但是，万变不离其宗，内容逻辑的构建都是紧紧围绕展览主题做文章，绝不能下笔千言，离题万里。一般情况下，主题即是展览的标题，是提纲挈领的东西。展览的各级标题提炼出来了，意味着展览的内容逻辑也基本搭建完成。此外，需要说明的是，关于内容结构层次的划分，每家纪念馆并不局限于同一种模式，而是会结合展览的实际情况来细分。例如：有的展览采用一层结构模式，即将展览分成几个部分，部分内部不再划分层级，标题除了展标外，只到一级标题；也有的展览采用两层或多层结构模式，这也是业界比较常见的，即将展览分成几个部分，部分内部再分成一个或多个层级，如"部分—小组""单元—部分—小组""单元—部分—小组—组合"等。至于"单元"在前，还是"部分"在前，不同的馆也有不同的用法和习惯，同样需要具体问题具体分析，但只要是符合本馆实际情况的即是最合适的。

在文字的写作上，不同的分项内容有着不同的写法和要求。例如：展览的前言是展览开篇的内容，就像研究生毕业论文的内容摘要一样，虽然只有短短几百字，但具有总括性和引领性，一般是对展览的内容、宗旨、意义、缘由等基本情况的简要概括，目的是让观众预先对展览有个基本印象，吸引观众进一步参观。单元说明、部分说明、组说明分别是对每个单元、每个部分、每个组所辖内容情况的总括式介绍，同样具有总括性和引领性，目的也是方便观众对每个单元、每个部分、每个组所辖内容的了解，具有承上启下作用。展品说明词是对展品基本信息的介绍。例如：在人物类纪念馆，历史图片类和文物文献类展品的说明词撰写，一般按照时间、地点、人物、事件、意义、展品名称几大要素来撰写，主要凸显展品与人物或事件的关系，强调展品的载体作用和见证作用。辅助艺术品的说明词，主要交代艺术品主题、作者和创作时间。地图、表格、图例等的说明词，一般直接体现在图名或表名上。文摘、语录等文字版只需标注出处，不需要再写出详细的说明词。场景说明是对展览中场景的介绍，主要有两种写法：一种是只写出场景的主题；另一种是详细介绍场景的主题、设计理念、基本结构、运用的元素、寓意等。展览的结语是展览最后的内容，具有总结性和展望性，是对展览内容和意义的进一步总结提升，同时启迪当下和未来，留给观众遐想的空间和意境。以上所举例子涉及的是展览显性内容的写作，其文字通常出现在展板或说明牌上，有着介绍、说明、阐释、指引和起承转合展览内容的作用。不过，值得注意的是，由于展览语言的独特性，许多文字尤其是说明词的写作也不宜篇幅过长，而应以凸显核心展品为主，尽量让"展品"来讲述"故事"。尽管不同的文字内容有不同的写法，但是，出现在看板上的文字都有一条共同的写作要求，这就是：字斟句酌、切中要害、语意准确、简洁明了。

隐性内容的写作是展览内容方案写作的另一重要方面，与显性内容有着不同的写作模式，有一套独立的写作体系。例如多媒体视频内容和说明的写作相对于其他展品而言就比较复杂。在人物类纪念馆，展览中多媒体视频的来源和运用主要有两种方式。第一种是直接沿用馆藏或征集到的原始视频；第二种是自主创作的视频。前者，一般不需要创作说明词，直接沿用原有的名称。后者，需要重新命名，同时还涉及视频脚本创作的问题。自主创作视频也有两种方式。一种是在不同的视频素材上直接剪辑合成；另一种是先自行创作新的视频脚本，再依托脚本制作新的视频。新视频脚本的撰写类似于电影剧本的撰写，必须有完整的故事线，通常采取总—分—总的写作模式。创作视频脚本时，必须做到有据可循，需找到相配套的道具和素材线索，如相关的备选影像、文物图片、文献资料、故事场景等线索。视频脚本初稿出来后，需要通过领导和专家的层层审核和把关，一般需要修改上十次才能定稿。脚本定稿后，还要将脚本切成分镜头文字，即分成一段一段的文字并配上相对应的素材指南，以方便后期视频的制作。互动内容的撰写也完全不同于其他内容的撰写。它的形式比较开放、灵活、多样，写作时讲求生动、有新意、有创意，能够吸引观众的好奇心，唤起观众互动的欲望。比如，在展厅中不同的点位，合理安排互动内容，让观众通过触感、观感、听感、体感全面地了解一些展览中所呈现的重要场景，营造出身临其境之感。又比如，在展览的结尾处，设置一些互动项目，如：设置情景式的留言墙，吸引观众自主留言；设置答题闯关项目，让观众答题领奖；设置引导式的打卡点，吸引观众随心拍照；等等。这些互动点所涉及的主题、内容、流程、操作提示等也需要内容策划人员提前构想，并写进展览内容方案。

在形式设计的提示上，其文字写作也有着自身的特点，目的主要是和展陈设计师实现内容与形式相统一的对话。简单说，设计创意提示是内容策划人员对于展览形式设计的初步设想和建议，可以是对展览全篇设计的建议，也可以是对具体分项内容设计的建议，比如某块内容的组合陈列、某件艺术品的创作、某个场景或某个模型的设计等方面的建议。为了让展览形式设计不偏航，激发设计师的创作灵感，有关设计创意提示的文字也会体现在展览内容方案中。不过在写作设计创意提示时，内容策划人员应该把握好度，一般只需清晰地表达内容展示需要达到什么样的效果和目标，或者提出一些新的视角、新的创意、新的例子供设计师了解和参考即可，而不要过于机械化、模式化、具体化地告诉设计师要怎么进行设计、采取什么样的手法，甚至具体到展品怎么陈列、颜色怎么选取等。不少展陈实践证明，在展览内容方案里过度地对形式设计进行细节性的规范和要求，在一定程度上会影响设计师的想象和灵感，不利于设计师的创作和发挥。展览形式设计具体采用什么样的设计手法应该先由设计师进行大胆的尝试，然后再相互探讨，碰撞出艺术的火花。优秀的展陈设计都是在反复的沟通、磨合和碰撞中形成的。

　　展品信息是展览内容方案核心的和主要的组成部分。如何选择和运用展品是展览内容方案创作时不可忽视的重要问题。在撰写展览内容方案之前，内容策划人员一般对展品资源已经有了初步的了解。在撰写展览内容方案这个阶段，内容策划人员重点要做的就是选好展品并将它们安排到合适的位置。展品的选用，首先必须坚持紧扣展览主题的原则，即所选出的展品要能够反映主题或者辅助说明主题。选择符合主题的展品，犹如锦上添花，能够强化展览的主题和意义，能够让观众的印象和记忆更加深刻，因而宣传教育的效果比较明显。不过，在实际的展品资源中，有的展品本身就具有很强的自明性，观众能够很快捕捉到展品传递的信息，理解它与主题之间的关系。当然，有的展品的自明性比较弱，需要通过其他手段来引出它与主题之间的联系。比如，在反映一位人物的艰苦朴素、勤俭节约的风范时，一般直观地展现他用过的一些残破的、有着累累修补痕迹的生活旧物，就很容易为观众所理解和接受，甚至可以引发观众的共情。如果展示的是一封家书，虽然文献里面也呈现了人物有关勤俭节约的话语，但是这些话语并不容易为观众一眼所识别。这时候就需要通过说明词或者形式表现手段（比如：对相关文字进行标记、标红、放大等）来凸显这封信与主题的密切关系。其次，展品的选用必须遵守客观、完整、美观、适用的原则。比如，反映同一主题的照片有很多张，但是版面有限，只需要一张。这时，一般就是选择角度最好、画面最完整、和相邻展示内容匹配较好的一张，而不是选择那些有残缺的、不清楚的、曝光的、歪斜的照片。尤其是人物照，要特别注意人物形象的完整性、美观性。最后，展品的选用，尽量选择具有历史价值和现实意义的文物。文物是历史的珍贵见证、重要遗存，用真实的文物诉说历史更有感染力，更有说服力。特别是，有的文物具有唯一性，是纪念馆的无价之宝，也是吸引观众的重要因素，能够彰显纪念馆的独特性，保有纪念馆的参观量。当然，尽量选择文物，也并不是非文物一概不用。在展品资源有限的情况下，选择文物的复制件，或者用其他替代品，也是目前纪念馆展览中不得不采用的方式。无论采取何种展示方式，选择何种形式的展品，展品的选用都应该以展览主题为原点，要能够为展览叙事的逻辑服务，为观众的学习和教育服务。

从通俗的角度说，撰写展览内容方案的过程，就好比是一步一步搭建房子的过程。内容策划人员需要考虑整体布局，同时也需要认真做好每一块细节内容；既要让每一件展品找到适合自己的归属位置、发挥自己的价值和作用，又要让展品、文字、空间等有机协调统一，让整个展览通达流畅、各方面都立得住，从而给观众呈现一座好看的"房子"。而撰写展览内容方案的基本方法，有些类似于撰写文科论文的方法，有一套自己的规范和标准，但又不可否认其难度远比撰写论文的难度大。撰写论文主要是将观点、事例和推理的过程以文字的形式表现出来，但是，撰写展览内容方案不止于此，还要重点考虑方案的落地实施，即转化为实体展览的问题。这涉及展览空间的划分、实物的组合、材料的运用等种种问题。展览内容策划的成果最初是以文本的形式出现，而它最终呈现的结果却是一个可看、可听、可触、可感的展览。这考验着内容策划人员的知识素养、逻辑思维、文字功底和规划能力。对内容策划人员来说，撰写展览内容方案的难点就是：怎样让展览构架更为科学合理、怎样让内容逻辑更加严谨顺畅、怎样做到全面和重点相结合、怎样让亮点和特点突出、怎样让所有文字言之有物等。这些难点的解决，非一日之功。内容策划人员不仅要做到长年累月的知识积累，而且要具备丰富的实战经验。一般也只有经过大量策展实践的锻炼，内容策划人员才能较好地实现理论和实践的结合，将所学知识转化为策展的创意和技术，创作出能够经得起实践检验的展览内容方案。

（四）参加评审，完成定稿

为了保证展览内容的科学性和正确性，展览内容方案的定稿还需要经过评审环节。纪念馆一般邀请文博领域、教育领域、历史研究领域的专家作为展览内容方案的评审专家。内容评审的方式有现场和非现场两种方式。常见的现场方式是组织召开评审会，即邀请所有评审专家在同一个地点对展览内容方案进行评审。组织召开评审会议，看似简单，实则不易。在召开评审会之前，策展方就需要做大量的准备工作。一是确定参加评审会的人员，包括评审专家、策展方的上级主管领导和策展方的代表人员。评审专家、主管领导的邀请一般需要策展方的领导班子出面邀请，有的还要求同时出具单位公函。二是准备会议资料，包括会议手册、展览内容方案文本、会议主持词、展览内容方案的汇报材料、会议签到表、笔记本、笔等。会议手册的内容一般包括会议的主题、时间、地点、议程、参会人员名单、注意事项、联系人等。展览内容方案文本必须是策展方内部已经确认的、最新的、需要提交评审会的内容方案文本。会议主持词主要包括对会议目的和缘由的介绍、与会人员的介绍、会议流程的引领和串联、致谢等。展览内容方案的汇报材料主要包括策展的缘由、展览的定位和目标、展览的前期筹备情况、展览内容的基本情况（包含指导思想、基本原则、叙事逻辑、结构布局、重点、特点、亮点等）。这些文本和材料都需要策展方人员提前编制或撰写。同时，会议资料的细节也经常容易因为评审专家、主管领导的变动而变动，所以，再三确认好评审专家、主管领导的行程有利于会议工作的顺利开展。三是准备会场，包括调试好多媒体设备如显示屏、音响、话筒等，调整好座位，摆好会议资料，准备好座次卡、茶水、纸巾、录音笔、电脑等。在召开评审会当天，策展方需提前到会场踩点，确保会场一切准备就绪，还要做好专家、领导的签到工作和引领服务工作。会议开始后，先由策展方代表进行展览内容方案的汇报，接着与会专家、领导围绕展览内容方案逐一发言。这时，策展方要做的一项重点工作就是做好会议记录。会议记录人员一般由内容策划团队的人员担任。为什么选择内容策划团队的人员做会议记录？因为策展方组织召开评审会的目的就是听取和记录专家、领导对展览内容方案的评价和意见，同时也希望展览内容方案能够获得认可和通过。内容策划团队的人员对展览内容方案比较熟悉，能够快速地理解和记下与会专家、领导针对内容方案提出的意见。在做会议记录时，记录人员的精神必须高度集中，并且要能够分条速记，尽量记全专家、领导的意见；倘若来不及，就要着重记重点语句和关键词，会后再结合录音进行梳理完善。在会议进行中，策展方要做的另一项重点工作是内容答辩，即随时应对与会专家针对展览内容方案提出的各种问题。在答辩时，策展方的代表人员必须沉着冷静、灵活机动、有条不紊地回答与会专家提出的所有问题，尽量为展览内容方案的通过加分。在会议的最后阶段，主要是总结和传达评审专家、领导对于展览内容方案的评审意见，规划和部署下一阶段的展览工作。评审会结束后，策展方需要做好会议纪要的撰写、会议资料的归档、评审意见的落实等工作。其中，落实评审意见是重点。在吸收和消化完专家的意见后，内容策划团队重点对内容方案进行调整和优化。待修改稿完成后，再送交评审专家复审和确认，直至定稿。非现场的评审方式主要是将展览内容方案邮寄或发送给评审专家进行评审。评审专家在看完展览内容方案后，会结合内容方案情况出具书面意见，并反馈给策展方。意见书一般包括评审专家对展览的指导思想、主题、定位、目标、结构、逻辑、史料、展品、文字等方面的评价以及修改建议。特别是，有些专家会结合策展方的情况实事求是地提出有针对性的建设性意见，比如：很具体地告诉策展方怎么修改展览内容方案，提供修改内容的素材线索，甚至亲自提供展览相关的资料、亲自修改展览内容方案的文字等。评审专家的修改意见是策展方进一步优化展览内容方案的重要指南。策展方在评审专家的指导下，经过几个回合的修改，便能推出一个较好的展览内容方案。可以说，一个好的展览内容方案也是不断地改出来的。

此外，按照有关政策和文件要求，已经通过专家评审的展览内容方案还需要上报相关主管部门或宣传部门进行审批（实际上形式设计方案也需要报批或备案，此处仅论及内容方案）。尤其是涉及重大选题的展览内容方案要上报更高级别的宣传部门进行审批。这既是严格遵守和执行展览相关工作规定和程序的需要，也是进一步把控展览质量的需要。审批机关对展览内容方案的审批非常严格，可以同意方案，也可以否决方案。有时，审批机关也会对展览内容方案提出修改意见，这需要策展方不打折扣地认真贯彻落实。事实上，只有通过专家评审和获得官方认可的展览内容方案才能最终定稿，进入实施阶段。

二、内容策划注意事项

一是要坚持正确的价值导向。纪念馆作为国家文化建设单位，应率先垂范，坚持守正创新，坚持以人民为中心，与时代主旋律同向同行。在撰写展览内容方案时，纪念馆应严格依据最新的政策、最权威的文件精神，贯彻落实上级有关指示，吸收和体现最新、最权威的研究成果，打通历史与现实的联系，为国家精神文明建设和满足人们美好生活的需求服务，引导观众树立正确的历史观和价值观。

二是要尊重历史事实和展品资料的客观性、真实性、准确性。纪念馆是进行文化传播和社会教育的重要场所，其传递的理念、知识和信息在某种程度上会影响观众的认知和行为。在撰写展览内容方案时，纪念馆必须严格遵守史实和展品客观、真实、准确的原则，所写内容应做到处处有权威依据，不能随意夸大、扭曲、改变历史事实，也不能对展品本身附带的价值、内涵和意义进行过分的添加和解读，而应该把真实客观的、不存在争议的"事"和"物"呈现给观众。

三是要注重展览内容的生动性、教育性、启发性。纪念馆举办展览的目的之一在于能够对现实和观众产生积极作用。要实现这一目的，前提是展览的内容要准确、丰富、生动，能够吸引人、打动人、感化人，进而才能够教育人和启发人。在撰写内容方案时，要对展览全篇进行谋划布局，注意展览叙事情节的起伏，在适当的地方突出内容的重点、亮点、共情点和互动点，引导观众的情绪，增强观众的体验。在这个过程中，内容策划人员要努力寻找文物与文物、图片与图片、文字与文字、视频与视频、艺术品与艺术品、景观与景观等方方面面之间的相互关系，把握好展品与场域、展览与地域的关系，努力建立起展览内容和社会公众之间的联系，把展览蕴含的知识、文化、价值、精神等有效地传达给观众。

四是要充分考虑展览内容方案的可实践性。纪念馆撰写的展览内容方案必须要有可操作性和可执行性，要能够转化为可视的、形象的形式设计方案，更要能落地成为观众可以观看和理解的展览。做展览内容设计的人员首先必须进行科学研究，把展览所需要的各种素材、所涉及的各种要素都研究透彻。如果做内容设计的人自己都没弄清楚，那么，别人更加不可能清楚。同时，还可能存在另外一种情况，即：做内容设计的人清楚了，别人也未必清楚。所以，做内容设计的人在自己清楚的基础上，要有效地对展览内容进行阐释，把自己的清楚转化为观众的清楚，把自己的感动转化为观众的感动。在内容文字的表达上，一定要采用适合大众的、生动的语言表达，要让来馆的观众看得懂、记得住。一份展览内容方案要达到这个标准，需要纪念馆的策展团队采取由下到上、由内到外相结合的方式，对展览内容进行反复的打磨和论证。为了推动展览的工作，有的纪念馆是领导班子亲自带头抓内容设计。领导班子经常和策展团队集中办公，逐字逐句对展览内容方案进行讨论和研究，包括推敲展览内容篇章的结构、组合陈列的逻辑、展品资料的顺序、说明文字的写法等各种细节问题。有的领导班子还会随时咨询和请教馆外专家，听取专家对于展览内容方案的建议，以及时进行修改。实际上，做展览非常需要这种严谨负责的态度和精神。一般情况下，展览内容方案经过多次论证后，基本上能够达到政治正确、结构合理、论述得当、文字生动、展品充足、符合观众需求等标准。这样的展览内容方案才能够投入设计和施工，转化为真正的实体展览。

五是要坚持自主创作展览内容方案，牢牢掌握展览内容策划的主导权。当前，社会上有很多文化企业能够为纪念馆提供展览外包服务。这些服务包括展览的策划、组织、设计、施工、宣传、管理、评估等一系列服务，可以说是一条龙式服务。甚至，有不少获得精品大奖的展览，也是文化企业制作的。从这个角度看，这些企业无疑给纪念馆的展陈工作带来了冲击，从某种程度上也意味着某些纪念馆的展陈能力下降。实事求是地说，有的纪念馆由于自身能力有限，确实存在不得不把展陈工作的全部或部分交给企业来做的情况。但是，从长远发展的角度上来讲，纪念馆自身还是应该提升展览内容和形式的自主设计能力。这是纪念馆安身立命的基础和法宝。展览工作是纪念馆的核心工作，也是专业性非常强的工作，需要专业的技术人员来支撑。纪念馆在招聘和培训上，要考虑展览相关人才的引进和培养，并通过丰富的展览工作实践磨砺本馆的展览人才队伍。比如，学会展览内容的策划是做好展览工作的基础，纪念馆应该鼓励员工积极参与展览内容策划的工作。虽然展览内容的策划有难度，但是它并不是难不可及的工作。它一般不会涉及很多复杂的、具体的技术手段。它重点考验的是内容策划人员的知识积累、思维视野、工作经验以及文字组织、信息处理和综合分析的能力。只要一直加强学习积累、敢于实践、善于总结，纪念馆人人都可以成为展览内容的策划者。同时，纪念馆人员也应该树立信心，对于纪念馆的情况以及上级有关办展的政策和要求，纪念馆绝对比展陈公司的设计师、展陈设计专业的学生更为熟悉。而这些就是进行展览内容策划的基础。所以，纪念馆的人员有能力且应该做好自己展览的内容策划，而不宜把自己的主业外包给社会上的企业。

三、形式设计基本步骤

展览的形式设计是展览工程项目中非常重要的环节，是将展览内容文本语言转化为可视化、形象化、立体化的展览语言的过程，是展览进入落地施工阶段的行动指南。目前在纪念馆界，由于展览设计人员的稀少以及展览设计经验的缺乏，不少纪念馆将展览的形式设计和工程施工的工作交给专业的公司来实施。纪念馆作为甲方角色，对整个展览项目进行统筹和监督，对展览的效果进行审核和验收，并在展览实施过程中给予乙方（承接任务的公司）充分的支持和帮助。在这种模式下，展览的形式设计牵涉甲、乙两方，每一方在展览形式设计工作中都发挥着各自不可或缺的作用，两方的操作流程有其共性，也有其个性。下面先以甲方和乙方合作的角度来阐释展览形式设计的基本流程。

（一）征求形式设计建议

为了让展览的形式更加符合传播的目的和观众的需求，在进行设计之前，策展方会提前收集馆内外人员关于展览形式的看法和建议。比较正式的收集方式是发放调查问卷和开展座谈交流。调查问卷通常由封闭式题目和开放式题目相结合，一部分题目会预先提供一些备选答案供观众选择，另一部分题目就让观众自由解答。调查问卷的发放也是通过线上和线下两种方式，有时会与其他调查问卷一同发放，有时也会独立发放。开展座谈交流的方式，主要是针对纪念馆内部的员工进行交流，这样收集意见的速度较快、效率较高。座谈会一般由负责展览形式设计的部门组织，各部门派代表参加。在开会的过程中，征求一线部门人员的意见尤为重要。因为一线部门的人员不是展览的讲述者，就是观众的服务者，相比于展览策划人员，他们更加了解展览的现场体验效果和传播情况以及观众对于展览的真实反应和评价。征求意见的工作结束后，由相关人员负责馆内外意见的整理和分类，然后将相关情况上报给馆方领导，同时也将意见传达给设计方作为参考。在进行展览形式设计之前，无论采取何种途径来征求各方的意见，最终都只有一个共同目的，就是设计出一个让社会公众满意的展览。

（二）解读展览内容方案

有一位展陈设计师说过："设计的形式是表面，而本质是准确的表达。"为了让展览的形式设计能够更加准确地表达和传递展览的内容，在正式进行展览的形式设计之前，内容策划人员和形式设计师会进行对话和沟通，也即有些文博专家所说的"说戏"和"听戏"的过程。在"说戏"的过程中，内容策划人员要做的是将带有学术特点的展览内容文本语言转化为形式设计师容易接受和理解的语言，重点向形式设计师介绍展览想要达到的目的和效果，展览内容方案设计的过程和叙事逻辑的搭建，展览各个单元之间的关系，以及各个单元的重点内容和重点展品等。在"听戏"的过程中，形式设计师要接收和消化内容策划人员关于展览内容所传递的各种信息，并及时抛出自己的疑问和设想，比如：某块具体内容为什么那样构建？它的叙事背景和逻辑是什么？为什么某个展品是重点展品？它有何特殊性、指向性？它的意义是什么？围绕某块重点内容，采用某种表现形式和手法行不行？在这一阶段，内容策划人员与形式设计师的沟通过程实际上是一种双向的沟通过程，其目的在于让形式设计师能够快速、准确、全面地把握和理解展览的内容，迅速进入展览形式设计的角色，将展览内容方案通过设计的手法和展览的语言准确地表达出来。

（三）磨合形式设计方案

在展览形式设计阶段，开展内容与形式的磨合是实现内容与形式完美统一的重要手段。这项工作贯穿于整个展览的形式设计过程。展览的形式设计主要分为概念设计和深化设计两个阶段。在概念设计阶段，内容与形式的磨合主要通过召开会议的方式进行磨合，其结果是大致确定展览的空间布局和整体风格。在深化设计阶段，内容与形式的磨合非常具体和深入，需要经历数十个回合。在展览的形式深化设计方案的第一稿出来后，内容与形式的深度磨合正式开启，并分为三个层次。第一个层次的磨合是内容策划人员与形式设计师的磨合。由于内容策划人员对展览内容最为熟悉，所以展览的形式深化设计方案初稿出来之后，内容策划人员会成为深化设计方案的第一审校员。具体的审校流程是：首先，内容策划人员审阅形式深化设计方案的电子稿或打印稿，逐一找出问题并提出修改意见。然后，内容策划人员将发现的问题和修改意见反馈给形式设计师。反馈意见的方式通常有两种，即发送电子版的修改意见和面对面反馈。接着，形式设计师对照内容策划人员提出的修改意见，对形式深化设计方案进行修改。之后，内容策划人员对修改后的形式深化设计方案进行复审。这种"审阅设计方案—发现方案问题—提出修改意见—反馈修改意见—落实修改意见—复审设计方案"的过程会循环多次，一直到内容策划人员认为形式深化设计方案没有问题为止。在这一层次当中，内容策划人员对于形式深化设计方案所呈现的一切细节都要审阅，包括：审阅展览内容方案所有的内容有没有全部落实到形式深化设计方案中；审阅展览内容陈列的逻辑顺序对不对；审阅展览内容陈列的形式合不合适；审阅展品陈列的位置对不对、展品是否完整美观、展品和说明文字是否相符、文字是否正确、展线是否顺畅、背景和色彩是否协调；等等。第二个层次的磨合是陈列工作人员、内容策划人员、文物工作人员、社会教育人员等相关业务人员和形式设计师的磨合。在内容策划人员和形式设计师就展览的形式深化设计方案基本达成一致后，陈列工作人员、文物工作人员、社会教育人员会共同参与展览形式深化设计方案的磨合。比较常见的磨合方式是召开相关的磨合会议，即几方人员集中在同一个场地对展览形式深化设计方案进行审阅。在这个层次的磨合中，形式设计师要对展览的形式深化设计方案进行汇报和答疑。陈列工作人员主要针对展览整体的风格和色调，空间的切割、大小、高低，展墙的薄厚、高低、起层，展板的大小、薄厚、高低，展项与展项之间的距离，展线的流畅性，各个具体模块的规格制式等提出意见。社会教育人员主要针对展览的信息组团、参观流线、指板看板等问题提出意见。文物工作人员也结合自己的观感提出意见，并就涉及的展品资料问题作出说明。内容策划人员也是结合自己的观感再提意见，并就内容方面的问题作出说明。这样的磨合会议通常也要召开很多次，直至各方人员达成一致后才能停止。第三个层次的磨合是纪念馆领导班子和所有与展览工作相关的代表共同参加的磨合。当第二个层次的磨合通过后，展览的形式深化设计方案将被正式提交馆方，由馆方组织召开扩大的磨合会议。在扩大的磨合会议当中，一般也是先由形式设计师对展览的形式深化设计方案进行介绍；接着，与展览工作相关的所有代表逐一进行发言；最后，馆领导进行发言并作总结。这种大型的磨合会议通常也会召开很多次，而且在场的每一个人都可以针对展览的形式深化设计方案说出自己的感受、提出自己的观点。有时候，与会人员提出的意见，虽然是针对展览的形式设计提出的，但同时也会涉及展览内容、展品资料、宣教语言的调整和变动。所以，无论是形式设计师，还是内容策划人员、社会教育人员等其他人员在会上都必须做好会议记录，回答别人提出的疑问，并且在会后要对各自所负责的工作内容继续进行打磨。值得注意的是，在第三个层次的磨合当中，也有可能出现颠覆性的意见，即展览的形式深化设计方案需要推倒重来。这对形式设计师、内容策划人员、文物工作人员、陈列工作人员等来说是一场巨大的挑战。不过，不可否认的是，只有通过多方磨合后的展览形式深化设计方案，才能顺利进入专家评审的阶段，也才有落地成型的可能。

（四）评审形式设计方案和样板段

一个展览的设计一般会经历三次正式的专家评审，即概念设计方案的评审、深化设计方案的评审和样板段的评审。概念设计方案的评审主要是定下展览的基本轮廓、风格和走向。深化设计方案的评审主要是确定展览所涉及的一切展项的整体设计和细节设计。样板段的评审主要是为了确定展览所涉及的所有工艺、材料、色彩、格式、质量等方面的标准和参数，既是审查设计，也是确定选材。除了场景、多媒体等不适宜预制的展项外，各种展柜、图文展板、立体字、镜框、信息带、展托、说明牌等的工艺、材质、尺寸等都会按照各自计划落地的规格（一比一的比例）做出来集中呈现在样板段上。概念设计方案评审和深化设计方案评审的方式和流程基本相同，通常是采取召开评审会的方式，可以线上和线下相结合，既邀请文史领域的专家，也邀请展陈领域的专家。在评审会上，一般先由策展方代表对整个展览项目的基本情况进行简要的总体性汇报。然后，由设计方对整个展览项目的形式设计情况进行总体性的汇报和分模块式的介绍，并进行现场演示；同时，在场的内容策划人员也必须做好随时应对专家提问的准备。紧接着，与会评审专家针对形式设计方案一一进行发言。发言中，评审专家主要围绕展览的主题定位、空间设计、平面布局、参观动线、色彩搭配、照明设计、技术运用、展示效果等方面作出评价，并提出进一步修改的建议。最后，由一名评审专家代表（通常称为主评委）对所有的评审意见进行总结归纳，提议在场专家是否通过形式设计方案。会后，展陈设计师结合评审专家意见，对形式设计方案进行修改、完善，直至形成终稿。样板段的评审与概念设计和深化设计的评审略有不同，主要是评审的对象和场地不同。概念设计方案和深化设计方案是"虚"的方案，即方案只是设计文件，只需要通过电子显示屏将其展示出来，供专家评审即可。而样板段是实体展览形式的浓缩段，体现了展览的各种制作要素。为了呈现真切的展示效果，样板段做好后通常会放置在展厅。所以，评审专家评审样板段时，不仅仅是在会议室评审，而是先要走进展厅亲自观看和触摸样板段，全面感知展览各要素最终呈现出来的真实模样，之后，再根据具体情况，决定是否进入会议室进行总结评价。评审过后，设计方和施工方会结合评审专家的意见对样板段涉及的各个元素及规格进行修改调整，直至策展方审核满意，才能最终确定下来。

（五）确认形式设计方案的终稿

设计方在展览形式设计方案的终稿出来之后，需要第一时间将终稿送交策展方进行签字确认，以方便后期快速投入制作阶段。所以，确认展览形式设计方案的终稿实际上也就是确认展览的制作稿。在纪念馆，确认展览形式设计方案的终稿（展览的制作稿）也有比较细致的流程。首先，由设计方将电子版形式设计方案的终稿打印成纸质稿送交策展方的校对人员。策展方的校对人员，一般由内容策划人员、陈列工作人员组成，必要时加入社会教育人员和文物工作人员等其他人员。同时，为了提高校对的效率，策展方会根据校对的具体内容和工作量将校对人员分成几个小组。形式设计方案终稿的打印必须符合校对的要求，即要保证所有展陈内容的完整性、逻辑性和清晰性，尽量避免遗漏内容或随意切割内容。其次，策展方的校对人员对展览形式设计方案的终稿进行唱校。所谓唱校，即一个人对照展览内容方案的定稿读出展览所有的内容及文字，另一个人则边听、边看展览形式设计方案的终稿所呈现的内容及文字与展览内容方案定稿的内容及文字是否一致。这种唱校需要具体到每一个空格、每一个断行和每一个标点符号。在一些有外文的展览中，唱校还可分为中文唱校和外文唱校，需要懂外文的专业人员作为支撑。在校对形式设计方案终稿的过程中，校对人员必须逐条逐项、逐字逐句地看终稿呈现的内容是否完整、准确，形式是否合理、美观。再次，校对人员将展览形式设计方案终稿存在的问题返回设计方修改。校对展览形式设计方案终稿的过程，实际上跟前期磨合形式深化设计方案的过程十分相似，也是为了查找问题和解决问题，也是看展品位置对不对、展品是否完整、图文是否相符、文字是否正确、逻辑顺序是否正确、展示手段是否合适等。为了保证终稿修改的效率，每一组校对人员可配备一名设计师，由校对人员面对面地指导设计师进行修改。当修改后的形式设计方案终稿达到校对人员的要求后，校对人员就会在形式设计方案终稿的打印稿上签字确认，包括文字、展品和形式的确认。最后，将校对人员签字确认的形式设计方案终稿提交馆领导终审和确认。馆领导在审核形式设计终稿的过程中，随时可能针对终稿的任何细节提问，这时需要校对人员候场并作出说明和解释。对于馆领导提出的修改意见，设计方必须认真落实到形式设计方案终稿中，并在修改后再次交给馆领导审核。馆领导审核无异议并签字确认后，设计方便可以依据展览形式设计方案的终稿（展览的制作稿）下单制作展览所需物件和绘制施工图纸。至此，展览的形式设计工作告一段落。即使后期形式设计再有调整和改造的地方，也只涉及小范围的变动，不会影响整个展览的形式风格。

以上从策展方和设计方合作的角度阐述了展览形式设计的一些工作环节。而从乙方的角度来说，乙方在进行展览的形式设计时也会有自己的流程，比如：第一，熟读展览内容方案，查阅内容的背景材料，充分理解内容并提出重点；第二，依据展览内容，做出重点和亮点的设计形式和表现形式；第三，设计平面布局图和流线图，依次分布展览内容和优化重点、亮点的区域；第四，设计空间效果和平面效果；第五，依次按照平面布局融入科技展项、实物陈列、艺术品展项、照明设计展项等设计体系；最后，依据完成的设计方案下料和绘制施工图纸。实际上，在形式设计过程中，为了让展览形式设计工作更加精细化，乙方有时也需要在总的形式设计方案下形成各种分项设计方案，如立面版式设计方案、实物布展设计方案、艺术场景设计方案、多媒体展项设计方案、照明设计方案等。这样，不仅有利于展览各个分项的设计清晰化、直观化、体系化，也有利于策展方对于展览各个分项的设计风格进行详细充分的了解和把握。

四、形式设计注意事项

一是形式要与内容高度契合，相辅相成。内容是形式设计的依据和对象，形式是内容的表现载体。形式设计本身是要从解决什么问题、实现什么功能而出发，最终目的在于准确地表达和传播内容。在进行展览形式设计时，设计师必须充分理解展览内容，结合内容段落和结构，考虑展览空间的分割和平面的布局，充分还原展览想要表达的故事情境，做出符合展览主题和内容的并且能够精准表达的设计。北京大学考古与文博学院宋向光教授曾指出："博物馆陈列不是物的独奏，不是内容与形式的重奏，而是展品、展具、空间、照明、色彩的协奏，同时也是知识、形式、创意、设计、价值、情感的交响。"[①] 如果策展方和设计师在进行展览的形式设计时充分地考虑到了这些问题，那么，展览的内容和形式必能达到有机融合统一，同时也意味着这是一场完美的设计。

二是策展方一定要与设计师进行多次的深度磨合。俗话说，

---

① 从理论思考与实践经验出发，六位专家共讨博物馆展览策划的思路、特色与创新［EB/OL］.（2020－10－23）［2024－06－27］. https：//www. 163. com/dy/article/FPK63OPG0521ISHJ. html.

玉不琢不成器。展览的形式设计也是如此。展览的形式设计是将展览文本内容转化为形象化、具体化、可视化的展览形式设计方案的核心环节。在这个过程中，策展方的人员尤其是内容策划人员和陈列工作人员，必须与设计师保持密切的沟通联系，向设计师讲清楚内容的组团，形式的组团，不同信息的层次关系，并对设计的难点、堵点进行及时的沟通和探讨。在必要的情况下，两方人员还应经常面对面地、一对一地对形式设计方案进行磨合，即策展方人员现场对形式设计方案提出意见，设计师当场进行答疑和修改。这种双方都在现场磨合的模式，对于工期紧急的展览非常有效，可节省不少工作时间，提高展陈设计工作的效率。

三是策展方要充分考虑好用料、用色、尺寸、造型、工艺等细节问题。在展览形式设计确定的阶段，实际上也是展览用料、用色、尺寸、造型、工艺等各方面细节的确定阶段。对于这些细节问题，策展方必须予以高度的重视，因为一旦确定进入落地施工阶段，再要修改将要付出很大的代价。以展览前言或部分说明的用材为例，有的纪念馆在做常设展览时会选择石材作为基础材料。因为石材能够给人一种真实天然、厚重大气、坚韧硬朗的质感，能够串联起展厅的整个场域，起到统领和镇场的作用。但是，可用于建筑装饰的石材有很多种类，有天然的，也有人造的，如大理石、花岗岩、灰岩、砖石、人造石材等。每一种石材都有独特的性质，同时也有各自的利弊。有的石材优美高档，但不耐腐蚀、不耐磨，后期保养和维护的成本高；有的石材坚硬、耐磨、抗腐蚀，但刻字难度大；有的石材方便刻字，但是质感粗糙、耐久性不高等。策展方在选择石材时，必须提前充分了解备选石材的性质和利弊，作出最适合本馆情况的选择。通常情况下，考虑到性价比的问题，有些纪念馆会选择人造石材，因为它的硬度、纹理、色彩等可以根据需要进行调整，同时具有仿真天然石材的效果，刻字也不容易开裂，并且经济实惠、便于维护。在展览的其他用料方面，也是如此，都需要在美观、安全、经济、实用、便于维护等方面进行平衡考虑。

四是策展方的展览工作人员要对展示的材料、工艺、技术以及与展览相关的学科知识进行了解。一般来说，纪念馆大部分从事展览工作的人员并不具备展陈学科的专业背景。但是，为了更好地与设计方进行沟通磨合，更好地对形式设计的质量和效果进行把关，纪念馆的展览工作人员必须加强有关展览的一切知识的学习。即使学不会展陈设计的技能，也要知其一二，懂得审阅设计稿。这样，策展方与设计方才会有共同的语言和比较好的合作基础，从而更好地推进展览的形式设计工作。实际上，展览的形式设计不仅涉及展陈设计专业领域的知识，而且涉及建筑领域、装饰领域、材料领域、技术领域、艺术领域、美学领域、传播领域、教育领域等多个领域的知识。要成为一个优秀的展览工作者，展览工作人员就必须做到广收博览，对行业内、行业外的一切相关产品、技艺、知识进行熟悉和了解；同时，还要多出去走走、看看、养养眼，通过观看其他场馆的展览设计来打开自己的思路，拓展自己的视野。只要还从事展陈工作一天，纪念馆的展览工作人员就要保持永远学习的态度，读万卷书，行万里路，与时俱进地学习展览的相关知识技艺，在实践中不断对比和总结，提高自己的办展能力和水平。

　　五是要有敢于推倒重来的勇气。在当前的众多展陈实践中，一份展览形式设计稿一路通顶的情况极为罕见；一份展览形式设计稿反复修改倒是常态。在进行展览形式设计时，策展方和设计方应有从零开始的勇气，敢于推翻不达标的设计稿，尽最大努力保证展览的质量和效果。在现实中，往往最后落地实施的展览形式设计方案的定稿基本上都是经历了多轮修改，甚至是推翻重来的结果。所以，做展览也有三种境界，借用王国维先生的话来说，第一境界是"昨夜西风凋碧树，独上高楼，望尽天涯路"，即处于比较困惑迷茫的阶段；第二境界是"衣带渐宽终不悔，为伊消得人憔悴"，即处于执着追求和忘我奋斗的阶段；第三境界是"众里寻他千百度，蓦然回首，那人却在灯火阑珊处"，即达到了自由飞翔、功到事成的阶段。

第四章
纪念馆陈列展览的落地实施和开放运行

　　展览的落地实施阶段是展览建造的最后阶段，其施工的质量和效果决定着整个展览工程的成败。在纪念馆的展陈实践中，展览的施工通常是通过招投标程序选得合适的专业公司来承担。大部分纪念馆倾向于采用设计施工一体化的模式。采取这种模式的好处在于能够让展陈设计师和展陈施工人员紧密配合，充分发挥各自的优势，减少设计与施工之间的信息误差以及后期展览的调整与修改。这样的模式也有助于提高展览施工的效率和质量，保证整个展览项目的工期和效益。在展览落地实施的这一阶段，策展方及其委托的监理方必须严格监管展览项目施工的进度、质量和安全，并配合做好展览建造和开放运营的准备。施工方则必须严格按照展陈设计师提供的施工图纸、策展方有关展览的要求以及双方签订的合同，按时按质完成展览制作。

一、施工和准备

（一）制订倒排工期计划

　　展览的落地实施阶段也可以说是展览建造的攻坚阶段。虽然在展览项目启动初期，甲方和乙方就会对整个展览项目工程的进度计划做出规定，但是这一般只是初步的、大致的规划，需要结合展览项目工作实际进行的情况不断修改。到了展览的落地实施阶段，策展方和施工方必须倒排工期，具体到每月、每周、每天。在制订倒排工期计划时，应对工期中涉及的所有具体项目进行统筹规划，明确具体项目的名称和内容、开始日期、完成日期和相关的责任部门、责任人。例如，在倒排工期表中，可以写明基础设施建设（包含建筑结构、水电安装等），隔墙骨架结构制作，木质基层安装，展板制作安装，展柜、镜框、壁龛定制和安装，文摘阴刻、立体字定制和安装，展具、展架、展托、标识导向牌加工制作，石材干挂，地板粘贴，天花吊顶，场景、景观的制作、安装，多媒体硬件设备安装及调试，绘画、雕塑创作，消防、安防、空调设备安装及调试，文物资料布展，展览改造和试运行等各种各样的具体工作，并标注开工日期、完工日期、责任人、工作的注意事项和要求等。倒排工期计划表实际上也是一种施工日程规划表，对展览落地实施阶段的各项工作的推进有规划、跟进和监督的作用。所以，倒排工期计划表制定出来后，施工方必须严格遵守和执行。若遇到需要延迟工期的特殊情况，施工方必须及时跟策展方汇报、协商。在双方协商一致的情况下，再进一步调整和优化倒排工期计划表。

（二）做好布展准备

在展览的落地实施阶段，一切图文展板、实物资料、艺术品、多媒体视频、展具、设备、场景、景观等都必须准备就绪，否则无法实现陈列布展。其中，图文展板、展具在形式设计稿确定后就会下单制作，除非遇到不可抗力的因素，一般都能够按期抵达施工现场。实物资料，除在外征集的资料需要一定时间外，其余馆藏资料都能够较快就位。而需要创作的艺术品、多媒体视频以及在展厅打造的场景等则完工比较晚，需要经历比较长的时间。比如：艺术品的创作，一般是邀请业界艺术家进行创作，并且需要反复地打磨和评审。以创作一组历史人物主题雕塑为例，创作者首先必须与策展方进行充分的沟通交流，了解策展方对于这组雕塑的期望和要求。接着，创作者要查阅大量与历史人物相关的资料，必要时要到与人物相关的地域进行实地写生，了解或考证历史人物相关的重要故事以及故事发生的背景、过程、价值和意义，同时还要尽量找到这群历史人物的原型或样板，让创作出来的人物能够更加接近历史的真实，反映当时的历史情境。然后，创作者结合自己的调研情况，经过充分构思后，创作出满意的泥稿。泥稿的创作，往往也需要经过多次试验，在反复的"雕"和"塑"的过程中，在自我否定和不断创新中，才能达到预期的目标和让人满意的效果。在泥稿阶段，创作者也要充分尊重策展方的意见。策展方会针对人物雕塑的五官、体型、表情、动作、着装、发型、比例等细节提出自己的建议，这有助于创作者及时调整和修改。泥稿确定和选好材料之后，正式进入雕塑制作的程序。一般在制作过程中，经过塑形的雕塑半成品还需要再次经过策展方的审核，以减少偏差，使雕塑呈现更加美观的效果。所以，雕塑的创作不可能一蹴而就，往往在展览工程落地施工的阶段还在打磨，必须经历一个周期和层层递进的过程。绘画类艺术品的创作亦是如此，其调研、写生、构思、构图、素描、配色、上色、精描、试验、论证、干燥、保护等各个环节都需要花费大量的精力和时间。

在纪念馆，多媒体视频在实体展览中的运用比较广泛，不仅常用在独立的触摸屏、显示屏中，也常用在沉浸式体验项目、大型科技展项等场景中。同样，多媒体视频的创作过程比较复杂。在前文中，对于多媒体视频脚本的创作已经进行过详细的阐述。但要让视频脚本和素材变成真正可以展出的视频，也需经历一个反复磨合的过程。在制作视频前，视频制作方一般会认真听取策展方的思路和意见。策展方也会尽最大可能给予视频制作方帮助，征集和提供与视频相关的素材。视频初稿出来后，策展方要对视频初稿进行审核，提出下一步修改的建议。在审核视频时，策展方一般会重点查看以下几个方面：脚本的内容是否全部纳入视频，即内容的完整性；视频画面是否与主题、主线相适应，即视频的主题性、逻辑性；画面是否与字幕相对应；视频的素材、史实、文字的准确性和合理性；画面的清晰度和流畅度；配音的准确性；背景音乐的合理性；等等。简单说，最终用于展览的视频要以内容为王，逻辑通顺，素材精准，文字正确，画面优美，声音和谐，更要有利于教育传播和观众理解。又比如，展览的场景打造也非常复杂且耗时。一般情况下，在展览基础工程完工后，相关技术人员就会进入展厅现场进行场景的创作。目前在纪念馆界，有以陈列实物为主的实体场景，也有综合运用雕塑、绘画、投影、音效等手段打造的虚实结合的场景，还有纯粹运用多元数字技术打造的虚拟场景等。这些场景打造的主要目的是增强展览的感染力和观赏性，给观众独特、深刻的沉浸式体验。但要呈现一个体验感强的场景，场景的每一个细节都需要经过反复的推敲，比如场景中的雕塑、油画的主题、结构、形体、色彩是否合适，影视、动画中呈现的人与物的形象是否逼真，声光电、多媒体技术的运用是否合适，场景中各个具体展项的布局、比例是否合适，场景的整体感、氛围感、画面感如何，场景与展厅其他部分是否能够协调融合，等等。可以说，展厅中所要呈现的一切要素，对布展来说都非常重要，在正式布展前都必须准备到位。

（三）做好开放准备

为保证展览顺利开展和运行，其配套和衍生的服务和产品也必须在施工阶段准备完成。

1. 教育准备

针对新展览，纪念馆一般都会推出展厅讲解、现场教学、微党课、研学等教育服务。展厅的讲解一般分为人工讲解和非人工讲解。对人工讲解来说，要呈现好的讲解服务，最有效的办法就是让讲解员充分了解或全程参加展览的工作。目前不少纪念馆在展览策划的前期就让讲解员参与进来，包括参加展览内容方案的磨合、内容与形式的磨合、展览的校对等工作。在这个过程中，讲解员不仅可以了解展览的一些细节，而且可以加强自身与内容策划人员、文物工作人员、形式设计人员的沟通交流。这些都有助于讲解员的写作、讲解和宣传。在展览内容方案定稿后，讲解词的撰写便可以启动。讲解词的撰写一般由讲解员负责，但也有的纪念馆是让讲解员和内容策划人员共同完成，即：首先，由内容策划人员结合展览内容提供讲解词初稿；然后，讲解员进行修改并转化为适合观众的讲解语言；接着，内容策划人员对修改后的讲解词进行把关；之后，馆领导对讲解词进行审定；最后，讲解员对讲解词进行熟练背诵。到了展览施工的这一阶段，讲解员不仅要完成展览讲解词的背诵，还要接受讲解考核。由于施工期间展厅各展项还没有全部完成安装，讲解员主要依托临时展板或电子设计稿来备考和温习。考核通过后，讲解员后期再结合实际的展厅版面对板和讲解，做好迎接开展的准备。与此同时，纪念馆还以机器设备的形式提供讲解。但是，要实现这样的非人工方式的讲解，也离不开前期的人工准备。无论是语音导览器，还是智能机器人、AR 设备等体现的讲解和导览，都需要提前结合展览布置好感应点位，并录制或设置好讲解和导览的内容。这些讲解和导览的内容的设置，基本也是纪念馆业务人员群策群力的结果，在正式实施前都经过了反复的论证和修改。另外，结合近年来发展的趋势，纪念馆还会结合新展览策划现场教学、微党课、研学、展演等教育项目。这些项目通常也可穿插在展厅的讲解中呈现，形成了纪念馆独特的教育风景线。

2. 文创准备

近年来，文化创意产品的开发和销售已经成为一些纪念馆的重要业务。每逢筹办一个新展览，就会开发一系列相配套的文创产品，方便观众将文化记忆和纪念馆故事带回家。展览配套的文创产品开发工作，基本上是与展览的策划和实施同步进行的，也要经历选题、设计、评审、生产等一系列环节。其常见的选题范围是围绕反映展览主题，或一些重点的、特色的内容和展品来选择。作为展览的衍生产品和辅助教育手段，文创产品在展览完工时，也必须做好随时上架的准备。

3. 宣传准备

为了实现展览综合效益的最大化，在正式开展前，策展方必须提前做好展览的宣传和推广工作，包括发布展览相关的宣传文稿、视频，策划相关讲座、活动等。比如，宣传折页是常见的宣传展览的小册子。其体积较小，内容篇幅不大，主要是对展览概况的介绍，并配有展览图片，同时也可附上纪念馆的简介、联系方式和参观方式等。纪念馆一般都会印制成百上千册的宣传折页，方便观众自取学习和留念，但宣传折页的一字一句、一图一画都必须经过审核。又如，在策划展览的宣传视频时，也要做大量的工作。首先，要写好文案。文案的写作需紧扣展览的主题、基本概况、亮点和特色，要能够唤起观众的兴趣，同时在不违背事实的基础上，可适当借鉴一些优秀的广告宣传方法。文案写好后，经历几次评审和修改，形成定稿。其次，要配备好视频的素材，即每一个画面、每一段字幕都要有相匹配的内容、声音等。再次，结合文案和素材进行剪辑和创作，制作出完整流畅的可视化视频。最后，视频成品的评审和发布。经过策展方和专家的几次评审和修改后，视频定稿，便可通过纪念馆官方网站、公众号、抖音号、微博或者借助其他有影响力的宣传平台发布和推送。

4. 数字展览准备

为了提高展览的表现力、传播力和影响力，方便观众远程参观，纪念馆在推出实体展览的同时，会推出数字展馆。数字展馆是将纪念馆的资源与现代数字技术相结合，以纪念馆的陈列展览为主要内容，同时融合和延伸其他与纪念馆相关的内容，突破时空界限，为观众参观和求知提供服务的综合性知识展示平台。观众可以在数字展馆中自由选择参观和讲解的方式，自主选择查看高清展品及其背后的信息，聆听语音故事，观看相关的视频、课程和活动等。从其操作的过程来看，数字展馆的筹备、制作和上线是一个庞大的系统工程，不亚于筹办一个新展览，但它却是展现纪念馆与时俱进的态度、增强展览传播效力的必要手段。所以，筹办新展览时也要同步做好数字展览的转化，通过一比一云端复刻重建的模式，将实体展览搬到线上，从而更好地让新展览开放运营，实现展览传播效益的最大化。

（四）实时监管施工现场

从展览的基础施工到展项安装、保洁清扫等各个环节，策展方、监理方、设计方、施工方都必须派人员代表在施工现场进行监督和巡查。比如，在进行展项安装之前，设计师就必须多次进入施工场地测量和核准尺寸，所涉及展项的大小、长短、高矮和间距都尽可能精确到毫米。接着，设计师要结合形式设计方案和现场核准的尺寸情况绘制详细的施工图纸交给施工方。必要时，设计师还需要将各种展项的图纸分类打印，分别粘贴在各个展项所属的施工位置，以方便工人参照执行和操作。在正式进行展项安装时，设计师本人也必须经常出现在现场跟踪施工的技术和细节并给予指导，以及时查找问题和解决问题。作为甲方的策展方，更加关注工程的质量、效率和效果，从展览工程的基础施工，到水电、消防、安防、空调安装，再到展项安装、工程竣工等，必须全程监督和参与。在遇到赶工期的情况时，策展方通常会采取白天和晚上两班倒或者三班倒的形式，进行 24 小时全天候的值守和监督，以保证展览按期按质完工。在进行现场巡查的时候，策展方主要关注工程的进度、质量和安全问题，比如查看：施工方每天是否按工期计划进行施工，工人的安全措施是否到位，工人的操作是否规范，建筑材料和展示材料堆放是否安全，工地有无火灾、倾倒、崩塌等隐患，水电、安防、消防、空调是否按要求安装到位，墙面、展具、设备是否完好，空间动线是否通畅，锐角打磨、材料美化、包边、美缝是否到位等各种细节问题。同时，监理方为策展方提供工程监理、工程技术和造价咨询、工程项目招标代理等服务，全力协助策展方优化展览工程的建设，保证展览建造程序合法合规，抓好展览工程的安全、制作、管理等事项，确保展览工程建设的质量、安全和效果，实现展览工程的最优效益。施工方作为展览工程的直接建造者，则要履职尽责，就展览工程的实施做好组织、计划、控制、协调工作，按照设计施工图纸及质量要求进行文明、安全、优质的施工。尤其是，要做好施工人员的安全教育和管理，确保展览工程的质量和效果达到约定的要求。在展览的施工阶段，有些纪念馆还会采取周例会制度，即每周邀集与展览工程相关的各方代表开一次例会，目的是了解和总结各方的工作情况，跟进和部署展览的相关工作，确保展览工程有序推进。周例会的议程一般包括：一是对展览工程施工的基本情况和进度进行汇报；二是对施工过程中存在的问题以及遇到的困难进行汇报；三是对施工中的困难和问题进行讨论并提出解决办法；四是就下一步的展览工作进行规划和部署，并提出工作要求。从展览工程施工的实际情况来看，现场跟踪以及开会协商是常用的且便捷的监督管理方式，对推进展览工程有着显而易见的效果。

二、布展和整改

陈列布展是展览施工的最后环节，包括图文展板安装、实物资料摆放、艺术品安放、多媒体视频和设备就位等。在布展的过程中，讲求各方通力协作，各类展品的安装按部就班。一般情况下，图文展板的安装、艺术品的安放主要由施工方负责，策展方、设计方监督和协助；实物资料的摆放、重要展品的标注主要由策展方负责（因为会涉及重点文物资料），同时也需要施工方、设计方协助；多媒体视频和设备的到位主要由策展方、设计方和施工方共同实施；等等。在布展过程中，相关人员主要按照设计图纸进行布展，并要小心谨慎，防止展板、展品、展具等出现损坏。布展完成后，进入展厅现场的审校阶段。展厅现场审校工作主要由内容策划人员和陈列工作人员负责完成。由于展览制作文件在投入工厂生产制作时以及在进行布展安装时有可能存在误差、错漏，所以，在审校过程中，校对人员必须对展厅呈现的所有信息进行校对，从展览内容到展览形式。纪念馆常用的展厅现场校对方式是组队交叉校对，即将校对人员按照展览单元的数量分成几个组，每一组至少配备两名人员，保证展厅每个单元的每一轮校对至少经过两个人的校对，各组与各组之间进行了交叉校对。在校对时，主要采取唱校和指校的方法。审校的具体范围包括：查看展品是否完好，展品与文字是否相符，图文展板的排列顺序和悬挂位置是否正确，展柜内实物摆放的顺序是否正确，文献资料标红的范围是否合适，立体字、标识标牌是否正确、完整，声音、视频、影像是否清晰、流畅，展墙、展板、背景等有无磕碰、刮痕、起泡、掉漆、色差，展托、展架有无变形、损坏，灯光照明是否合适，墙边、石材等是否打磨到位，拐角、转弯、夹缝等是否存在安全隐患，展厅、展柜内是否干净卫生，等等。审校完成后，校对人员需及时将发现的问题和审校意见提交给陈列工作部门，再由陈列工作部门通知施工方进行整改。整改工作相当于是展览施工阶段的扫尾工作。施工方落实整改意见后，策展方对整改过的地方再次进行审校，一般经过两三次的校对和整改后，展览基本完工。

从展览施工到完成布展，这一时期是展览落地成型的时期，也是各方工作人员压力最大的时期。在这个过程中，有不少事情和细节值得工作人员特别注意。一是要始终牢记安全文明施工是生命线。在大部分展览的施工过程中，挑战和风险是无时无刻不存在的。在很多情况下，展览工人的工作环境比较艰苦、工作的难度和强度也比较大，且这些困难在赶工期或者在安装特殊展项的时候更加突出。尤其是在连轴转的工作模式下，工人极易产生疲劳犯困的现象，而麻痹大意、操作不当、高空跌落、物料倾倒等危险状况很可能随之发生。还有，由于个人习惯或缓解工作疲劳等原因，工人可能存在吸烟的现象，这样也有可能导致发生火灾危险等。面对展览施工中可能存在的各种安全问题，策展方、施工方、监理方必须做到事前防范、事中监督、事后反馈和跟踪。比如，在工人上岗前，施工方要做好安全管理和教育工作，做到上班开会教育、中途加强提醒、下班开会总结。在施工场地，要张贴好安全文明施工的相关标语，提示不能有烟头、明火等隐患。

同时，也要规范一切物料、工具的摆放，及时处置好各种垃圾。在施工进行中，各方要相互提醒，要多进行巡查，做好实时监督的工作。对于现场发现的问题，要及时汇报并进行整改。二是要事无巨细地将所有事情安排到位。展览施工处处无小事，需要展览工作人员高度重视。施工的具体环节是一环紧扣一环，必须安排紧凑有序，不能疏忽任何一个环节、任何一件小事。比如，施工方要结合整个展览的工期计划，制订月计划、周计划、日计划。在进场工作前，每天都要规划和明确好当天的工作内容和任务，下班时进行总结回顾，以查漏补缺。只有事事有规划、事事有落实、事事有回响，才能有条不紊地推进展览施工的进程。三是要有应急应变的能力。在展览的施工阶段，面对一些突发的特殊情况，策展方要能够对突发情况进行有效的应对，以保障人们的生命财产安全和展览工作的顺利推进。一方面，从制度上讲，策展方要依据有关法律法规和有关文件精神，制定符合本馆实际的应急预案，对适用范围、工作原则、工作机构、事件类型、处置方法等作出明确规定。另一方面，从实践上讲，策展方要成立领导机构和工作小组，配备相应的人、财、物，对相关工作人员进行充分的培训，并通过实践演练提高工作人员的预警能力、响应能力、处置能力和恢复能力。四是展览各方人员要保持充分的沟通联系。俗话说，失之毫厘，谬以千里。在很多情况下，展览项目的工程很庞大，事情很复杂又很琐碎。在施工过程中，信息传达不准、沟通不顺畅极有可能造成重大损失。为了保证展览工作能够忙而不乱，各方的信息渠道必须畅通无阻。各方人员也必须负起责任，心往一处想，劲往一处使，多沟通，多汇报，脚踏实地、按部就班地推进展览的每一项工作。展览的落地实施阶段是展览概念、设想、设计落地成型的阶段。只有各方人员都认真负责，有力配合，并小心翼翼地做好每一项工作，展览才能够早日顺利完工。

三、竣工和开放

展览工程建设的完工并不意味着展览工作到此结束，相反，后续还有许多工作要做，包括：展厅的保洁卫生，展览的检查和验收，展览的试运行和开展，展览资料和技术的交底，展览设施设备的运行维护，展览的总结、转化和推广，展览效果的追踪，等等。从某种意义上讲，截止到撤展，展览工作没有完成时，只有进行时。

（一）竣工验收评估

一般来说，展览的竣工验收包括对展览所涉及的各项工程指标的验收，比如，文物保护工程的验收、安防工程的验收、消防工程的验收以及对各个分类展项的验收。验收的大致程序是先邀请相关评审人员到展厅现场进行审查，检测展览的各项指标，之后再集体开会，各方发表意见，决定是否验收。如果展览存在不达标的问题，相关评审人员会在验收会上提出整改意见，待整改到位后再进行终验。此外，为了让展览呈现更好的效果，不少纪念馆还会专门邀请业界专家对新办的展览进行评审，一般也是先参观展览，然后再开会讨论交流。这些评审专家大多来自文博领域，具有深厚的展陈专业背景和丰富的展评阅历，能够针对展览的内容、形式等各个方面作出科学客观的评价，同时也会提出建设性意见。很多纪念馆对展评专家的意见非常重视，会形成专门的会议纪要，并且逐步落实到展览后续的修改完善工作中。展览通过了竣工验收评审，意味着展览项目从事实上、从程序上圆满完工。

（二）展览试运行和开展

在纪念馆，一个新展览的推出通常都会经历一个试运行阶段。关于试运行阶段，各纪念馆定的时长不等，但是非常必要，是检验和提升展览的一个关键时期。在试运行阶段，策展方比较关注各方观众对于展览的反应，会收集和听取他们的意见。从有些纪念馆的实际情况来说，由于展览的宣传和影响还没有扩大，在试运行阶段来参观展览的人员多以单位、机构和团队的人员为主，其他观众较少，但是，纪念馆也能从接待这些观众的工作中获取不少有益经验。比如，纪念馆上级单位的人员来参观，既是对展览知识的学习，也是对纪念馆工作的检查和考验。上级单位的人员在给予纪念馆展览肯定的同时，也会对纪念馆展览的提质以及今后的工作提出一些建议。纪念馆同行来参观，就好比是一场经验分享会。双方会就纪念馆的各项工作进行充分的沟通交流，互相学习、互通有无。还有一些感兴趣的观众在参观展览时也会留下一些参观感言。观众的真实反应是展览效果最好的评价指标。正是在与不同观众的交流中，策展方能够从观众的角度查漏补缺，弥补展览的不足，也能第一时间获取观众关于提升展览质量和效果的建议和想法。各方观众发表的有益看法和意见，有助于策展方及时修改和调整展览。经过一段时间的试运行后，如果展览获得的各方面反响较好，那么，展览便可以正式开展。新展览的开展仪式筹备对纪念馆来说也是非常隆重的事情，不亚于重大的揭牌活动。为宣布展览的正式开展，不少纪念馆都会择日举办一个隆重而正式的开展仪式，并邀请相关领导和嘉宾参观新展览，听纪念馆讲解员的讲解或现场教学等。有的纪念馆在开展当天还会安排节目表演和开展配套的教育活动。所有这些仪式、活动为新展览营造正式开展的气氛，意味着新展览盛大启航。

四、总结和推广

展览项目各项工作结束后，为了总结和留存经验，探索展览工作的规律性，策展方会组织相关人员对展览项目的整个历程进行回顾，一方面总结展览项目工作的经验和不足；另一方面，总结展览本身的特色、亮点、创新点以及不足。总结的过程实际上也就是将展览成果进行转化的过程。其常见的成果表现形式是报告、学术文章、课件、图录、书籍等。其中，报告主要在上级机关及领导前来参观展览时、纪念馆同行前来学习交流时以及馆方对外分享经验时使用。学术文章一般由与展览相关的业务人员写作，经馆方领导修改审定后，争取在业界文博期刊上发表。展览图录是一种集中展示展览主题、策展思路、设计理念、单元结构、重点展品等方面内容的资料性出版物，相当于是展览概况的微缩版。对纪念馆来说，展览图录是展览的重要历史记录和工作留存资料，也是纪念馆与纪念馆之间交流学习的重要载体。它同样由与展览相关的业务人员编写和馆方领导审核，编印的周期较长，通过内部资料性印刷或公开出版两种途径推出。它和编写书籍刊物一样，需要经历几次审校和修改。在编辑的过程中要重点查看：图录前后的逻辑顺序是否正确，图片、文字是否正确，图文是否相符，标题与正文是否相符，页码是否正确，目录页码与内文页码是否对应，等等。有的纪念馆还会把普通的展览图录升级为策展笔记一类的书籍，编写出内涵与艺术兼具，图文并茂，学术性、资料性、观赏性强的图书。在这类图书中，纪念馆不只是对展览进行简单的介绍，还会对展览的由来、过程、逻辑叙事、内容与形式的设计手法、重点内容和重点展品等进行系统深入的解读和阐述。还有一些纪念馆，在书中对如何策划好一个展览提出自身的见解、分享自身的经验。当然，展览的成果转化还可应用于相关精品课程、视频的开发，产品、服务的推出等。纪念馆不仅注重展览的总结，也注重展览的推广。展览推广的途径有多种，比如：第一种是通过各种传播媒介宣传展览，吸引各类观众来馆参观，学习展览有关知识，接受精神洗礼。第二种是纪念馆人主动走出去，在一些公务场合、学术活动上推介展览。第三种是举办巡展，把展览推向多个地方，扩大展览的传播范围，充分发挥展览的社会教育功能。

后期，在展览的整个运营管理中，纪念馆还会对展览的效果进行持续追踪，对展览的观众评价和社会效应持续关注。比如，在讲解员进行展览讲解时，通过对话、留言的方式获取观众的评价，或者通过发放调查问卷的形式获取观众的评价；在网络上关注网友对展览的反应以及相关媒体对于展览的推送；在外出交流中，听取其他人员对展览的评价；等等。对策展方来说，不同群体给予的展览评价和反馈，都是非常宝贵的发展建议和一手资料，对于今后展览的提质升级和筹办新的展览有着十分重要的意义，可作为策展的重要参考意见。展览效果的追踪是持续关注展览和提升展览工作的具体行动，也是纪念馆尊重观众意见、追求自我提升的重要体现。

上述文字主要从策展方的角度叙述了筹办展览项目所涉及的主要工作及其基本流程。除此之外，展览的举办，还涉及各种程序性的工作，如展览项目的报批、项目资金的争取、项目的概算和预算、项目的招投标、项目合同的签订、项目的签证变更、项目结算和决算等。在实际的展陈工作中，每一项程序性工作的顺利完成，都需要经过反复的推敲和论证。这些工作既是展览项目工作的重要组成部分，也是保证展览项目顺利推出的重要保障。每一项工作、每一项流程对于展览来说都很重要，也值得每一个纪念馆人认真对待和总结。

第五章
纪念馆传统社会教育业务的开展

纪念馆社会教育涵盖的业务较为广泛，有以阵地讲解、青少年教育活动、送课进校园活动等为代表的传统社会教育业务，也有以现场教学、讲解直播、展厅研学授课等为代表的新兴社会教育业务。纪念馆传统的社会教育以展览讲解为主要方式，在各类纪念馆中被广泛采用。随着科技的进步与时代的发展，各种新兴的社会教育方式不断涌现，纪念馆的社会教育呈现出生机勃勃的景象。

基于社会教育工作实践，本书将纪念馆的社会教育业务划分为传统社会教育业务和新兴社会教育业务，分门别类地对纪念馆社会教育各项业务的开展流程进行详解介绍，以期为纪念馆社会教育人员提供一定的操作指南与经验范式。需要说明的是，本书把纪念馆社会教育业务划分为传统社会教育业务和新兴社会教育业务是出于分类的便利和研究的需要，在很多纪念馆的实际工作中，这些业务通常是同步开展的。

本章详细介绍纪念馆领域较为常见的几种传统社会教育业务。所谓传统社会教育业务，主要是指在纪念馆社会教育领域采用时间较长、比较常见的社会教育业务。这类社会教育业务被许多纪念馆采用，经久不衰，说明其经受住了时间的考验，受到了观众的欢迎与喜爱，是纪念馆社会教育领域最为常见的业务。

一、阵地讲解

阵地讲解是博物馆、纪念馆最为常见的一种社会教育方式。当今时代，随着科技的发展，各种各样的新式展厅解说技术和设备不断涌现，如讲解机器人、自助导览设备、展厅扫码解说等，极大地丰富了观众的参观和学习选择。然而，纪念馆的阵地讲解始终保持着旺盛的生命力，受到观众的普遍欢迎。正是因为人工讲解具备灵活性、交互性、便捷性等独有的特点和优势，所以人工讲解无法被其他技术手段所取代，始终受到广大观众的青睐。

（一）阵地讲解的特点和优势

1. 灵活性

讲解员既能够根据观众的文化程度、职业背景等情况进行有针对性的"因人施讲"，也可以根据观众的参观时长、听讲重点等需求挑选适当内容为观众进行解说，满足观众的个性化听讲需求。例如，讲解员可基于自身对展览内容的熟练把握，针对观众提出的具体听讲需求，迅速在头脑中调取相关知识，选择参观路线和重点解说内容，用适当的讲解方式为观众进行解说，从而真正做到"因人施讲"，让观众乘兴而来，满意而归。因此，人工讲解具备很强的灵活性。

2. 交互性

通常来说，展厅的解说设备是作为辅助参观手段而存在的。

虽说现在的讲解机器人在一定程度上能够做到与观众互动，但从本质上来说，解说设备的解说服务对于观众而言仍然是一种单向的信息输出，观众是以比较被动的方式接受预先设定的知识和信息传播。人工讲解则完全不同，观众在参观的过程中可以随时与讲解员进行沟通交流。观众在参观的过程中，可根据参观学习的实际情况，随时提出自己的疑问，与讲解员面对面地进行探讨交流。这种交互不仅能使讲解员与观众互通有无，还能在讲解的过程中建立良好的人际关系，使观众与讲解员双方都获得社会交往的满足感。

3. 便捷性

当观众走进纪念馆展厅，面对图文展板、场景、多媒体展项、视频、音频等扑面而来的各种展示方式和信息组团，难免会有茫然失措的感觉。对于有一定纪念馆观展经历且比较熟悉纪念馆陈列语言表达的观众而言，通常能比较快速地进入观展的状态；对于缺乏纪念馆观展经历或不太熟悉纪念馆陈列语言表达的观众，要迅速进入观展的状态可能会面临一定的困难。这类观众对于展览的主线和逻辑较难把握，难以深入理解展览所要表达的主题思想和展品蕴含的深层逻辑，只能停留在展品或图文展板的表层叙事，最后甚至会走马观花式地看完展览，对展览失去认真观看的兴趣。在这种情况下，讲解员的作用是不言而喻的。讲解员的讲解能让观众迅速了解展览的脉络和展览的重点内容，对于观众简明扼要地了解展览起到重要的引导作用。阵地讲解对于很多观众而言极具便捷性，因为它不仅节约了观众的时间成本，而且增加了观众观展的便捷度和顺畅度。这是观众在纪念馆参观时乐于选择人工讲解的重要原因之一。

4. 亲和力

与解说设备不同，人工讲解具有任何解说设备所不具备的亲和力。讲解员端庄的仪容仪态、得体的话语表达、规范的着装、标准的普通话、动听悦耳的声音，对于观众而言，具有无可比拟的亲和力。在讲解员的引导下，通过视听结合的方式，观众穿梭在富于知识与信息的展厅之中，浸润在历史和文化的洗礼之中，是一种接受社会教育的独特方式。

（二）阵地讲解流程

1. 讲解前

俗话说，知己知彼，百战不殆。讲解工作也是如此。讲解员在讲解前，了解听讲观众的相关信息是十分重要的，它能让讲解员针对观众的具体需求进行有针对性的讲解，做到讲解工作的"有的放矢"。在开始正式讲解前，讲解员可询问前来参观的观众的预计参观时长、参观的重点内容等具体参观需求，然后基于自身对展览内容的熟练掌握，迅速挑选出重点讲解内容，在脑海中形成讲解规划，为观众"量身定制"个性化讲解路线，选择适宜的讲解方式，真正践行"因人施讲"。这就要求讲解员对展览的内容"了如指掌"，只有熟悉展览的内容和展品的位置等，才能真正做到在讲解时信手拈来，游刃有余。

2. 讲解中

在讲解的过程中，讲解员应根据观众的参观时长、文化程度、职业背景等进行有针对性的讲解，选择合适的讲解方式和讲解内容。与此同时，讲解员在讲解的过程中要时刻留意观众的表情和关注点。通常来说，观众会在自己感兴趣的展品或展板前停留，面容亦会流露出新奇、惊喜等神情；对于不能引起太多共鸣的展览展示内容，观众往往会一瞥而过或走马观花式地浏览。讲解员可根据观众的表情和关注点，灵活调整自己的讲解内容和方式。对于观众感兴趣的内容，可以多介绍一些，甚至可以展开讲述展品背后的细节和故事，或者与观众围绕其感兴趣的内容进行探讨；对于观众不太感兴趣的内容，可以在讲解介绍时作概括式描述，甚至舍去不讲，但要确保讲述的整体历史脉络清晰。在讲解了一段时间后，观众通常会出现一定的"参观疲劳"。这时，讲解员可以引导观众观看展厅的视频资料，让观众有耳目一新的感觉；讲解员也可引导观众进入多媒体场景或展览互动空间，让观众自己动手操作或进行实景体验，从而有效地调动观众的参观兴趣，缓解"参观疲劳"。通常来说，在刚开始参观时，观众只会跟着讲解员的讲解关注到展览的表面，但当观众自己参与到互动式的展览体验中时，他们能够更好地理解并记住展览的一些亮点和特色，进而有利于展览主题思想的传播。

在讲解的过程中，讲解员也要善于应对观众提出的问题，认真对待观众的提问。对于能够解答的问题，讲解员可直接予以解答；对于一时无法解答的问题，讲解员应先向观众坦诚自己对于这个问题的答案还不是特别了解，待查证清楚后再予以答复，以获得观众的理解，给观众留下讲解员认真和严谨的印象，切忌不懂装懂，信口开河。

3. 讲解后

讲解服务的持续改进离不开观众对讲解的反馈和评价。当前，许多纪念馆都在展览的出口处放置了纸质留言本或设置了电子留言台，供观众记录参观体会、抒发参观感想等。然而，这种方式只是观众单向地表达，针对性和互动性有所欠缺。讲解员应该在每次讲解完成时养成"复盘"的习惯，向观众坦诚地询问对于此次参观的感受，包括对讲解的评价、对展览的评价等。这不仅能够展示纪念馆讲解员认真负责的态度，给观众以充分的尊重，还能获得观众参观展览的真实感受。观众对讲解的意见和建议对于讲解员改进自身讲解工作，具有重要的作用。与此同时，纪念馆举办的展览面向的是广大观众，因此观众对于展览的评价与反馈是评价展览是否成功的依据之一，亦是纪念馆改进展览工作的重要参考之一。讲解员在讲解完成后与观众进行坦诚的沟通与交流，充分彰显了纪念馆"以人为本"的理念和纪念馆讲解员良好的职业素养。

二、新展览讲解

陈列展览是当今纪念馆的一项常设业务，纪念馆也会不定期推出新的展览。可以说，举办展览已成为纪念馆为社会持续提供公共文化服务和"精神食粮"的重要方式之一。如果按展出时间的长短划分，纪念馆的展览可大致分为常设展览和临时展览。其中，临时展览的更新频率要明显高于常设展览。一些大中型纪念馆每年会推出数量不等的临时展览。临时展览可以由纪念馆自行策划举办，也可以引进其他文博单位的优秀展览，抑或与其他单位共同举办。当一个新展览推出时，势必涉及展览讲解服务提供的问题。因此，建立规范化的新展览讲解服务工作制度，厘清新展览讲解服务流程，明确讲解员在各个环节承担的具体工作，对于纪念馆顺利推出各类新展览发挥着重要的作用。

（一）参加展览策划

纪念馆推出的展览，不论是常设展览，还是临时展览，都涉及展览的初步构想、内容方案的撰写和报批、形式设计和制作等各个环节。通常在内容方案初步成形后，纪念馆会举行由陈列、文物、宣教、财务等各个部门代表参加的讨论会，让展览的内容更加完善。讲解员在参加内容方案和形式设计方案的讨论会时，可以从讲解的角度提出自己对于内容方案和形式设计方案的见解，这对于制作一个成功的展览十分重要。因为不论是内容方案撰写人员，还是形式设计人员，都在自身的专业领域有一技之长，却不一定了解观众的真实需求。而讲解员作为服务观众的一线人员，经常与观众打交道，会更加了解观众的兴趣点和观众的诉求等。在形成展览内容方案和形式设计方案的过程中，及时聆听讲解员的一些意见和建议是很有必要的。这将有利于在展览制作的前期预计到后期可能出现的一些问题，从而避免展览制作完成后返工情况的出现。

（二）熟记讲解词

通常情况下，纪念馆的展览进入制作阶段后，即需要尽快完成展览讲解词的撰写，便于展览开幕时讲解服务的提供。宣教部门务必把控好时间进度，讲解词撰写严格按照进度推进，为后续讲解工作的正常开展留足时间，确保在展览开幕时的讲解不出差错。在此阶段，宣教部门应及时与陈列、研究部门沟通协调，把握好进度，及时将讲解词撰写的任务进行分工。讲解词可由宣教部门自行撰写，也可由展览内容方案的撰写人员撰写或提供讲解词蓝本。宣教部门的讲解员撰写讲解词的优势是熟悉观众的需求，劣势是对内容方案不够熟悉，不易把握展览中较深的内容。内容方案撰写人员撰写讲解词的优势是他们熟悉展览的策展思路、框架脉络和内容细节，劣势是语言表达偏于书面化，较难顾及观众的需求。与此同时，一种折中的方法也较为普遍地被采纳，即内容方案撰写人员提供讲解词蓝本，由讲解员在讲解词蓝本的基础上进行修改和整合，形成正式讲解词。这种方式既能发挥内容方案撰写人员和讲解员各自的长项，也能提高工作效率。讲解词定稿后，宣教部门应及时将讲解词发放给讲解员熟记。如果展览的内容较多或时间紧，则可以考虑将讲解员分成两组，错开记忆讲解词。待各组完成各自负责内容的熟悉记忆并完成考核后，再进行记忆内容的互换。这种方式可以有效应对因时间紧迫导致的不能由一名讲解员通讲全部展览的情况，从而保证至少有两名讲解员能够合作完成展览的开幕讲解。讲解员在拿到讲解词后，可尽快熟悉讲解词的宏观脉络，认真梳理语句，对讲解词进行"再加工"，用自己的语言习惯对讲解词进行适当的加工，使讲解词与自己的语言表达习惯更为契合。同时，在熟记讲解词的过程中，讲解员要对讲解词中可能出现的疏漏之处及时查漏补缺、对错别字等进行更正。

（三）对板

当讲解员熟背讲解词后，并不意味着讲解员就已经能够胜任该展览的讲解。到展厅熟悉讲解词内容与展板、展品的对应位置，查看讲解词的顺序、内容等是否与展览的展板、展品等相匹配，是非常重要的。这个步骤在业界被称为"对板"。通常情况下，讲解员在拿到讲解词时，展览的制作与安装已经在进行当中。随着制作与安装临近完工，讲解员即有机会前往展厅对板。对板时关键是根据展板和展线对讲解词进行梳理。展览的展板安装位置和展品的放置位置一旦确定，就会保持固定而不会轻易改变，但讲解词是可调整的。因此，在对板的环节，讲解员即要根据展览确定的展板和展品位置对讲解词进行适当调整。讲解员在对板时，既核实了展板、展品的顺序是否与讲解词匹配，又在这个步骤中加深了记忆，让自己对整个展览的展线有了明晰的印象。因为在熟记讲解词阶段，讲解员只是把讲解词的文字记忆在脑海中，但进入展厅对板后，往往发现前期熟记的仅仅是文字本身，尚不能把讲解词的文字与展板和展品的位置结合起来。这时，讲解员需要尽快把记忆的文字与展板、展品进行匹配。对板后，记忆的文字已经能与展板、展品一一对应，这对于讲解员开展讲解工作颇有助益。对板后，讲解员对于展览的记忆就从纯粹的文字记忆层面上升到了"形象化"记忆的层面，从而使讲解员能够更好地记住展览的内容，为正式讲解奠定了坚实基础。

（四）试讲和磨合

对板后，讲解员已经对展览的整体设计和布局有了宏观的把握。这时，需要讲解员不断地试讲和磨合。在试讲和磨合的过程中，要确定一些讲解态势的细节问题，如在什么位置站立、在什么位置指板、指板时的手势等。这些细节问题都需要讲解员结合自身对讲解词的记忆和对内容的把握，在此阶段确定下来。在不断地演练和磨合过程中，讲解员对态势进行微调，争取取得最好的讲解展示效果。

（五）常态化讲解

展览开幕后，讲解员会接待年龄层次、文化水平、职业背景等各不相同的观众。这时，讲解员需要结合观众的参观时长、兴趣点、认知水平等因素，为观众提供有针对性的讲解，让观众在聆听讲解的过程中了解展览蕴含的历史文化知识。

三、外出陪同讲解

不少纪念馆是依托重要历史人物的旧址或重大历史事件发生地的遗址兴建起来的，因此，宣教部门的讲解员在日常的讲解接待工作中，除了展厅讲解以外，还要前往旧址等其他景点进行陪同讲解。为了做好外出陪同讲解工作，讲解员需要做好前期的准备工作，熟悉外出陪同讲解的相关工作流程。

（一）前期准备

讲解员在接到外出陪同讲解的任务时，需要尽快与馆方负责对接联系该批接待任务的人员取得联系，请对方告知客人的身份、抵达时间、迎接客人的地点、客人的联系方式等信息。有必要时可与客人直接取得联系，详细询问客人的参观行程安排，尤其是要确定客人抵达的时间和迎接客人的地点这两点重点信息。其次，确定了客人需前往的各个景点后，讲解员需要熟悉各景点的解说词和相关知识；同时，提前与相关景点的有关人员取得联系，告知这批客人的大致参访时间，以便对方有所准备。讲解员还需做好的准备工作包括：讲解器的准备、雨伞的准备等。如果选用的讲解器是无线讲解设备，需要事先调试好无线讲解设备的频道并根据客人的人数准备耳麦；如果选用的是普通的扩音器设备，则需要提前为扩音器充好电。讲解员还需要关注天气情况，如果有雨，还可以为客人准备雨伞或告知后勤人员提前准备好雨具。如果陪同讲解中包含邀请客人题词的环节，还需提前联系后勤人员准备好题词所需要的纸张、笔记本、桌子、凳子等相关物品。

（二）陪同客人参观

讲解员应在客人抵达前在指定位置等候客人。需要注意的是，讲解员务必在客人抵达前到达指定迎接地点，最好能提前15分钟左右抵达，以防发生客人提前抵达却没有人迎接的尴尬情况。客人抵达后，如果有领导陪同，讲解员应先为客人介绍领导。在参观的过程中，如果有多名客人，讲解员应认清主宾，主要与主宾进行互动，但也要兼顾其他客人的需要。在讲解时，应根据客人的需要，选择合适的讲解内容，采用合理的讲解方式，做到"因人施讲"。对于客人提出的问题，要耐心、细致地回答，当好东道主，让客人有宾至如归的感觉。当参观完一个景点进入下一个景点时，讲解员宜与景点的负责人员沟通好，提醒对方提前做好相关接待工作准备。如果讲解员陪同客人用餐，需要遵循用餐的礼仪规范，展现出讲解员的良好修养与形象。

（三）送别客人

在陪同客人完成所有的景点参观后，客人通常会乘车离开。客人离开前，讲解员应向客人表示欢迎他们再来参观。如果客人对此次接待表示感谢，讲解员务必谦虚谨慎，对客人的肯定表示感谢，并表达期待客人下次再来的愿望。客人上车后，讲解员应面带微笑，目送客人的车缓缓离开，并向客人挥手道别。待客人的车驶远后，方能离开。至此，整个陪同参观的流程才得以完成。在完成此次接待后，讲解员需要认真总结陪同讲解工作的经验，分析不足之处，争取下次陪同客人参观时改进和完善。

四、展览讲解词撰写

陈列展览是纪念馆产出的一项集知识文化和艺术美学于一体的智慧型成果，也是纪念馆为社会公众提供公共文化服务的主要载体。通常情况下，大型纪念馆每年都会举办一定数量的临时展览。展览在即将推出之际，都面临着展览开幕时为嘉宾提供讲解服务和开幕后为观众提供讲解服务的问题。提供讲解服务的前提是展览讲解词的撰写。对于纪念馆宣教部门而言，撰写讲解词是一个新展览对外进行宣传教育的第一步，关系到展览制作安装完成后的讲解接待工作能否如期顺利开展，因而十分重要。

（一）熟悉展览内容

在新展览即将进入制作阶段时，宣教部门需要安排讲解词的撰写工作。因为此时展览已经进入制作流程，内容方案已不会再做大的调整，讲解词撰写在时机上已经比较成熟。而且，从安装布展至展览正式开幕，还需要经历一个周期，这也为展览讲解词的撰写留下了时间。宣教部门应尽快从展览内容策划人员手中获取展览内容方案的定稿，从形式设计人员手中获取展览形式设计方案的定稿，认真阅读和研究图文展板、展品、说明词、场景、多媒体展项等展览的基本组成部分，在脑海中初步构思展览的样态，力求做到对展览的逻辑线索有一个大致的印象。

（二）分工写作

通常来说，展览由数个部分组成，涉及的内容多而广。一名讲解员难以在短时间内完成撰写讲解词的任务。因此，宣教部门会将相关人员组成团队，分工协作，共同完成讲解词的撰写任务。可将参与讲解词撰写的人员分成若干小组，每组由多名成员组成。每组设置一名组长，负责本组讲解词的统稿；组员则分别负责展览各个部分的内容，撰写相应部分的讲解词。组长不仅要对本组的讲解词进行统稿，自己也要承担写作任务。组员在撰写讲解词的过程中，切忌照搬展览内容方案中的展品说明词。因为说明词是对展品的说明，只能用作撰写讲解词的参考，而且说明词与说明词之间是相对独立的，缺乏连贯性。与说明词不同，讲解词需要关照展品与展品之间的逻辑性与连贯性，语言的表述方式也需要更加贴近口头表达语言，应具有生动性、知识性、吸引力等特点。因此，说明词不等于讲解词，但说明词可作为撰写讲解词时的重要参考资料。

（三）统稿与审核

组员完成各自负责撰写的讲解词内容后，统一交给组长进行统稿。组长统稿过程中，如有修改意见，则把修改意见返回组员，由组员进行修改完善。每组负责的讲解词内容定稿后，各组组长将本组讲解词提交分管该项工作的宣教部门负责人，由该名负责人进行各组讲解词的统稿。宣教部门负责人在统稿时，发现需要修改之处，反馈给对应的组长或组员，由组员根据意见修改后再提交宣教部门负责人审阅，直至定稿。讲解词在宣教部门定稿后，由部门负责人将讲解词送交馆领导审定，如有修改意见，对应的组长或组员根据馆领导的意见进行修改完善，直至定稿。如有必要，展览讲解词还要送交纪念馆的上级主管单位进行审核，直至定稿。

五、青少年教育活动

对于青少年而言，参观纪念馆的展览是他们接受爱国主义教育和革命传统教育的一般方式。青少年在纪念馆参观展览、聆听讲解员的解说，理解展览传播的主题和理念。然而，这种单纯参观展览或听讲解员解说的方式，体验性和互动性有所不足，对于青少年而言，很难持续保持专注。因为青少年活泼好动，思维活跃，虽然在讲解时讲解员可以穿插一些提问的形式增加互动，但青少年毕竟是信息和知识的被动接收者，青少年参与学习的主动性未能充分发挥。体验式学习对于青少年这一特定群体而言是非常重要的。因此，针对青少年专门策划并实施专题教育活动，调动青少年参与的积极性，让青少年通过体验的方式接受教育，可以弥补展厅参观体验性的不足，激发青少年的学习兴趣。同时，开展专题教育活动也是拓展纪念馆社会教育覆盖面、履行纪念馆公共文化职能的重要手段之一。

纪念馆开展青少年教育活动的形式多种多样，丰富多彩，但以竞赛类活动较为常见。例如，针对国庆、"七一"、"八一"、中秋、端午、国际博物馆日等特定的节日开展的唱红歌比赛、绘画比赛、征文比赛等。这些青少年教育活动的最大特点是青少年的可参与度高，青少年不再是停留于"你讲我听"的被动接受知识的层面和状态，而是可以让青少年动手实践、动口交流、动脑思考，真正参与到活动中来，充分调动青少年参与的积极性。在参与教育活动的过程中，他们或组建团队，锻炼分工协作和沟通协调的能力；或自力更生，开动脑筋，充分发挥主观能动性，争取在竞赛中取得佳绩。青少年教育活动为青少年提供了一个展示自己的平台，也提供了一个提升综合素质的舞台。

（一）青少年教育活动实施前

在开展青少年教育活动之前，纪念馆宣教部门应开会商议确定开展此次活动的馆内人员、任务分工、拟开展活动的学校以及学生的学段和年级、活动开展的内容和形式等宏观议题。一般需要指定2至3名馆内工作人员负责整个教育活动的全部流程。人员确定后，馆内人员需与确定的学校负责开展教育活动的人员取得联系，及时确定开展教育活动的形式。在与学校沟通对接的过程中，参与教育活动的学生年级和人数、教育活动开展的时间等细节，即可进一步予以明确。纪念馆的工作人员需要与学校负责教育活动开展的人员及时沟通联系，因为纪念馆是知识和信息的输出单位，对于教育活动的对象——学生的情况无法详尽掌握，因而必须全程与学校负责教育活动开展的人员沟通联系，及时跟进，才能处理好整个活动过程中可能发生的问题，确保不出差错。在教育活动各方面细节都得到妥善沟通并安排妥当后，方可进入教育活动的正式实施阶段。

（二）青少年教育活动实施中

纪念馆在实施青少年教育活动时，要注意比赛只是一种手段，比赛的目的是教育。例如，纪念馆围绕某一重要节日开展的绘画比赛，不能仅仅停留在比赛的层面。在绘画比赛之前，纪念馆宣教部门的讲解员可以根据绘画主题，围绕本馆相关的展品或文物，挖掘其背后的历史故事，向青少年进行详细解说。纪念馆开展的唱红歌比赛，其目标导向也不应是为了获得比赛的结果而比赛，而是要在教学生唱红歌的过程中，让学生了解红歌背后的历史故事以及红歌广为传唱的原因，从而使学生既学会了红歌，又懂得了红歌传唱的意义，真正做到知其然更知其所以然。总之，竞赛类的青少年教育活动不能仅仅为了比赛而比赛，而是要在教育活动实施的过程中始终以开展纪念馆社会教育为目标。在开展比赛以后，选拔出的获奖学生会得到奖励，但也要对没有获奖的学生给予适当鼓励，激励其继续努力，不断进步。

（三）青少年教育活动实施后

青少年教育活动实施后，宣教部门的讲解员要积极总结教育活动的经验和不足之处。同时，可以邀请参与活动的青少年对活动进行评价，提出宝贵意见，以便于青少年教育活动的改进。活动开展的相关资料，如方案、照片、视频等也要及时保存，这样不仅可以作为今后对该类教育活动进行总结分析时的一手资料来源，也可作为填写相关材料时的佐证材料。

六、送课进校园活动

纪念馆拥有丰富的文物资源，针对中小学生开展爱国主义教育和革命传统教育是纪念馆传播知识和信息的重要方式。然而，中小学生面临学业压力和升学压力，除了学校统一组织学生前往纪念馆参观和家长偶尔带孩子到纪念馆参观学习外，中小学生真正自主地前往纪念馆参观的机会其实是比较有限的。这就需要纪念馆加强与学校的合作对接，主动把纪念馆的文物资源转化为课程资源，利用学校教育的平台，把纪念馆独特的文化资源传播到中小学生的课堂中去，为中小学生送去丰富的精神食粮。

（一）开发课程

纪念馆宣教部门的讲解员可基于对纪念馆所纪念对象及历史文化的了解和在工作中对青少年观众进行宣教的经验，开发设计多堂甚至一系列具有纪念馆特色的课程。因为课程的讲授地点是在校园内，故课程的时长应以学生的一堂课时间（40分钟左右）为宜，以便于学校组织安排。开发课程时要把握的原则：第一，课程要基于本馆所纪念对象的独特资源，如此才能独树一帜，特色鲜明；第二，课程要结合学生的知识水平、认知特点和年龄层次，做到语言生动，且需设计互动环节。设计课程时，同一主题的课程内容可针对学生的学段有一定的差异，开发不同的版本，如小学版、初中版和高中版。每个学段的课程设计要针对不同学段学生的年龄特征、知识水平和心理特点，在内容的选取和故事的生动性方面有所不同。如此才能更具针对性，引发学生的共鸣，收到预期的教学效果。在撰写课程文本的人员安排上，可安排一名讲解员负责一堂课的课程文本撰写。如果是开发一系列课程，则需要多名讲解员同时参与，共同推进。课程文本撰写完成后，需交由部门负责人进行审阅和修改。如果提出修改意见，则由负责撰写课程文本的讲解员进行修改完善，直至课程文本定稿。在课程文本撰写的过程中，负责撰写的讲解员还需要制作与课程文本相对应的PPT。PPT的设计可以图片、文字为主，辅以少量视频资料，让PPT的内容生动，形式新颖，从而有效吸引学生的注意力，调动学生认真听课的积极性。制作PPT时要注意结构合理，逻辑清晰。同时，PPT是讲解员授课的重要辅助资料，其内容要与课程文本的内容相对应，不能与课程文本的内容脱节，更不能喧宾夺主，过于花哨炫目。通常来说，在课程文本撰写过程中，课程文本需要进行一定的调整和优化，PPT的内容也需跟着课程文本的变动进行相应的变动。所以，在时间允许的情况下，PPT的制作可以放到课程文本定稿后再进行制作，以防课程文本修改导致PPT的反复修改。此外，PPT定稿后也需提交宣教部门负责人审阅。如果提出修改意见，则由负责PPT制作的讲解员进行修改完善，直至PPT定稿。

（二）课程讲授

课程文本和PPT定稿后，即可进入课程的讲授环节。在课程讲授前，宣教部门应与合作的学校进行联络对接，共同商讨确定授课的时间、听课学生的学段等详细事宜，事先进行周密的安排部署。因为讲解员是前往学校进行授课，讲解员应联系好前往学校的派车事宜、准备好讲课所需的教案和PPT等相关资料；校方则需做好听课学生的组织工作、氛围营造等工作，确保授课教室的音响、话筒、多媒体设施设备等能够正常使用。讲解员在抵达学校后，宜在正式授课开始前前往授课教室对音响、话筒、多媒体设施设备、PPT播放等进行测试，如有问题，可立即请校方协调解决，确保授课正常进行。

在授课的过程中，讲解员应严格按照教学计划进行授课。同时，结合学生的实际情况，灵活调整教学的形式，在保证教学主体内容顺利完成的前提下，可考虑适当增加一些互动的项目，调动学生的积极性，吸引学生的注意力，确保达到课程的教学目的。特别是新开发的课程在第一次讲授的过程中，讲解员可关注学生对该课程的反应，结合实际教学情况，在确保课程主体内容不变的前提下，对课程内容适当进行优化。

（三）总结回顾

在课程讲授结束后，讲解员应广泛听取学生和老师对课程的反馈意见。在条件允许的情况下，还可以通过简单的问卷调查，搜集学生对课程内容、教学情况等的反馈和评价。对于有益的意见和建议，可积极采纳。学生的反馈有利于优化课程内容和讲解员的教学，进一步提升教学质量，进而有利于推动纪念馆系列品牌课程的形成，扩大纪念馆的影响力，打造纪念馆的宣教品牌。

七、咨询与答疑

纪念馆宣教部门的工作人员每天接触大量的观众，经常会遇到观众打电话咨询或者在参观过程中咨询的情况。可以说，咨询与答疑工作是宣教工作中最为常见的工作内容之一。回答观众的咨询看似是一件微不足道的小事，实则是关系一家纪念馆形象与声誉的大事，必须引起纪念馆相关从业人员的高度重视。纪念馆的工作人员在回答观众的提问时，应态度诚恳，热心解答，不卑不亢。对于观众的提问，知之为知之，不知为不知，切不可信口开河，不懂装懂，更不可态度冷漠，应付了事。对于观众咨询的问题，能够回答的，尽量给予详细解答；不能回答的或者涉及其他部门业务的，可以咨询其他部门人员的意见后再予以解答，根据实际情况灵活处理。现今，观众咨询的主要方式是通过电话咨询或参观纪念馆时现场咨询。

（一）电话咨询

观众通过电话咨询，主要是询问纪念馆的开放时间、预约方式、交通线路等，也有一些观众会咨询住宿餐饮、纪念馆所在地周边的旅游景点信息等相关事宜。这就要求纪念馆宣教人员不仅要熟悉宣教业务，也要对本馆的基本情况、所在地周边其他文博场馆的大致信息等有所了解，才能在回答观众咨询时给出令观众比较满意的答复。

（二）参观时现场咨询

观众现场咨询是指观众在纪念馆参观过程中，针对自身的一些疑问随机向纪念馆工作人员进行的咨询。这些咨询除了涉及上文提及的常见问题外，还经常会涉及纪念馆纪念对象的历史知识。尤其是讲解员在为观众提供讲解的过程中，有些观众也会就自己感到疑惑的问题随机向讲解员进行咨询。这就要求讲解员具备关于纪念馆纪念对象的扎实的知识，灵活的头脑，对于观众的提问做到从容自若，给予相应的解答。对于无法解答的问题，可以先向观众诚恳说明自己对这个问题还不是特别了解，待查证清楚后再给予回复，希望观众谅解。

八、讲解业务比赛

举行讲解业务比赛是纪念馆宣教部门提升讲解员业务素质和业务水平常见的方式之一。在开展业务比赛之前，宣教部门需要先明确业务比赛的要求等细节内容，并制定一份正式的讲解业务比赛方案。比如，需要在讲解业务比赛方案中明确讲解的主题、讲解的形式、讲解的时长、评委的确定、讲解的评分规则等。讲解业务比赛方案确定后，需要尽快发放给所有参赛讲解员，让讲解员了解讲解业务比赛的细则。为保证比赛的公平性，宣教部门需要组织讲解员抽签，以抽签的结果顺序作为讲解员业务比赛的上场顺序。在抽签时，应安排专人对抽签顺序进行记录。讲解员抽的是什么顺序，就登记什么顺序，不得随意更改比赛顺序。作为讲解员，在抽签后需要根据业务比赛方案，立即着手讲解业务比赛的准备工作。

（一）业务比赛稿件和 PPT 制作

讲解员需要根据比赛的要求撰写讲解稿。撰写讲解稿时，要注意根据比赛方案要求的讲解主题、讲解时长等具体要求进行稿件的撰写。同时，撰写的稿件要力求故事性与生动性兼备。题材最好能有一定的新意，尽量避免老生常谈的主题。此外，要注意撰写稿件的史实考证，杜绝杜撰和引用来历不明的内容，不能为了求新求异而忽视了史实的准确性。稿件撰写完成后，讲解员应将定稿交部门审定。稿件经审定合格后，讲解员可围绕稿件制作配套 PPT。PPT 的制作可以使用 PPT 模板，也可自行设计模板。制作 PPT 需要使用照片、视频、背景音乐等素材。优质的 PPT 并非以精美好看为唯一的评价标准，而是要紧紧扣住稿件的主题，能与讲解员的讲述相得益彰，为讲解员的讲述提供良好的辅助。

（二）熟练掌握稿件

讲解比赛稿件和配套 PPT 确认定稿后，讲解员需要尽快熟练背诵比赛稿件。通常来说，讲解业务比赛一般是在多功能厅或会议厅举行，讲解员是在舞台上进行展示讲述，而不像日常在展厅的讲解那样，会有展品和展板作为一定的提示，即使偶尔忘词也容易记起。因此，讲解员背诵稿件时，要做到对稿件烂熟于心，以防正式比赛时因为紧张或其他因素出现忘词，从而影响比赛成绩。在稿件背熟后，讲解员需要进行演练，只有多次演练才能让讲解员对稿件的记忆更加深刻，从而对稿件内容有更好的把握。在演练时，可以结合 PPT 播放，让 PPT 与稿件讲述进行磨合，适当地调整 PPT 的内容。

（三）试讲与比赛准备

在正式比赛之前，宣教部门一般会在比赛举办场地组织参赛讲解员进行实地演练，业界俗称"走台"。讲解员在比赛场地进行演练，可以让讲解员熟悉比赛场地的环境，缓解正式比赛时的紧张心理。在演练时，讲解员需要以正式比赛时的姿态来进行模拟演练。同时，可以邀请一名讲解员或工作人员协助播放与稿件配套的 PPT。讲解员在台前进行讲解比赛时，无法自己播放 PPT，因此可以邀请一名讲解员或工作人员协助播放 PPT。如果播放的背景 PPT 为纯视频，则播放 PPT 的人员只需要点击播放 PPT 即可。纯视频 PPT 对于讲解员的讲解时速要求非常高，讲述内容的快慢需与视频播放速度完全合上，因而难度较高。如果播放的背景 PPT 以图片为主，讲解员则需要准备一份纸质稿件，并在稿件中标注需要点击 PPT 的位置，交由负责播放 PPT 的人员，让其明了讲解员在讲到哪个位置时需要点击哪张 PPT，让 PPT 播放与台前讲解员的讲述内容完全吻合。因此，播放 PPT 的人员也需要事先到比赛现场熟悉操作设备的情况并配合演练，为正式比赛时的精准操作做好准备。

（四）正式比赛

在正式比赛时，参加业务比赛的讲解员需调整好情绪，平复紧张的心理，以平常心看待业务比赛，努力做到在比赛时正常发挥，争取取得好的名次。协助播放 PPT 的人员的工作同样重要，因为协助播放好 PPT 也是台前讲解员取得良好展示效果的有力保障。对于宣教部门而言，则要安排好比赛主持人、计分人员、举牌人员、计时人员、引领人员等工作人员，各自分工负责，协调配合。其中，主持人需要负责比赛的主持工作；计分人员需要了解比赛评分规则、发放评分表、回收评分表、统计分数等；举牌人员则需要在讲解时限快到时提醒在台前比赛的讲解员以防超时扣分；计时人员负责讲解比赛时长的记录；引领人员则需要在讲解比赛时引领领导、评委、观众入席，维护会场秩序，或在比赛成绩公布后进行现场颁奖时，引领颁奖领导为获奖讲解员颁奖。此外，比赛成绩公布后，工作人员需在获奖证书上填写获奖讲解员的姓名，便于颁奖。填写姓名时需要仔细核对，注意获奖讲解员对应的获奖等次，防止获奖等次与获奖讲解员姓名不符问题的发生。颁奖仪式结束后，参加比赛的讲解员、工作人员与现场领导共同合影留念。至此，整个讲解业务比赛才得以完成。

九、讲解培训

纪念馆宣教部门开展的培训类业务主要包括对外培训和对内

培训两大类。对外培训是指宣教部门对馆外人员进行培训，例如，针对小小讲解员的培训、针对志愿者讲解员的培训和针对跟班学习讲解员的培训等；对内培训是指宣教部门对馆内人员进行培训，主要是针对新进讲解员进行上岗前的讲解培训等。纪念馆的培训类工作也是纪念馆宣教部门经常面临的业务，做好培训类相关工作对于纪念馆社会教育业务的正常开展和社会教育事业的可持续发展有着重要的意义，因而必须引起高度重视。以下详细介绍纪念馆领域几种较为普遍的培训类社会教育业务。

（一）小小讲解员培训

青少年是社会主义事业的建设者和接班人，青少年的成长和教育事关国家的长远发展，因而非常重要。青少年历来是纪念馆社会教育的重点关注人群。纪念馆采用了丰富的社会教育方式对青少年进行爱国主义教育和革命传统教育。其中，培养小小讲解员就是一种行之有效且广受欢迎的方式，目前已被很多纪念馆采用。对青少年而言，成为小小讲解员不仅可以锻炼胆量，充实生活，提升表达能力、沟通能力和综合素质，而且可以深入了解纪念馆纪念对象的历史，培育爱国主义情感，树立正确的世界观、人生观和价值观。

1. 报名招募

小小讲解员的招募通常是通过联系纪念馆所在地的中小学进行，也可以对社会公开发布招募小小讲解员的公告。纪念馆宣教部门需要指定人员与合作的学校进行对接，沟通小小讲解员的招募及前期相关事宜。例如，纪念馆工作人员需与学校沟通好此次招募小小讲解员的名额、选拔方式、工作时间等细节。在名额充足的情况下，应鼓励中小学生积极报名参加。如果报名人数超过招募名额，可考虑适当增加招募名额或在报名学生中进行选拔，最终确定小小讲解员的名单。与此同时，宣教部门需要选定小小讲解员开展讲解实践的展览和讲解内容，然后根据选定的展览进行讲解词的撰写。如果需要撰写的讲解词体量较大，可安排多名讲解员分组撰写讲解词。小小讲解员的讲解词撰写非常重要，因为它涉及小小讲解员的讲解工作能否顺利开展。讲解员在撰写讲解词时，要根据小小讲解员的年龄特点、知识水平、接受能力等进行撰写。讲解词应简明扼要，避免使用过多的术语和晦涩难懂的词汇，应便于小小讲解员对讲解内容的理解与熟记。讲解词撰写完成后，应交由宣教部门负责人统稿、审核，必要时送交上级主管领导审核。

2. 培训考核

小小讲解员的名单确认后，便可以组织小小讲解员进行培训。宣教部门需首先确定小小讲解员负责讲解的内容。通常来说，在纪念馆有基本陈列和临时展览的情况下，宜选择基本陈列作为开展讲解实践的地点；在纪念馆有多个基本陈列的情况下，宜选择实物较多而不是图文展板较多的基本陈列作为开展讲解实践的地点。因为实物居多的基本陈列，其展品与展品之间相对独立，小小讲解员熟记讲解词时更容易掌握。通常情况下，一位小小讲解员只需要负责展览中一个部分的讲解词内容，由讲解员将讲解词发放给分好组的小小讲解员进行熟记和背诵。小小讲解员熟练掌握讲解词后，宣教部门即可组织小小讲解员到展厅试讲与考核。试讲与考核主要考察小小讲解员对讲解内容的熟练掌握程度。在此过程中，宣教部门的讲解员一方面可以针对小小讲解员的普通话、语言表达进行考察和指导，另一方面可以对小小讲解员的站姿、指板、手势等进行纠正与指导。只有通过宣教部门的考核后，小小讲解员才能正式走上讲解岗位为观众提供讲解服务。

3. 上岗讲解

小小讲解员们在经过宣教部门讲解员的试听、指导、考核等环节后，已经积累了关于展厅讲解的初步经验，并获得了对讲解工作的感性认识。接下来，小小讲解员将面临走上讲解岗位，把自己掌握的关于展览和展品的知识传播给广大观众的使命任务。这时，小小讲解员可以利用周末或者寒暑假的时间，到纪念馆为观众提供讲解服务，真正开始面向观众的讲解实践。宣教部门应在周末或者寒暑假期间每天安排一名讲解员负责小小讲解员在纪念馆的讲解工作，学校则需指定一名老师负责与纪念馆宣教部门对接。一般情况下，一名小小讲解员无法承担整个展览的讲解，因此同一时间段会安排多名小小讲解员同时在展厅承担讲解工作，由一名小小讲解员负责讲解展览的一个部分或几个部分。小小讲解员站在各自负责的展览部分起始处，一旦有观众抵达或提出讲解要求，即可随时为观众提供讲解服务。纪念馆宣教部门与学校应事先做好小小讲解员的人员安排，并执行签到与签退制度。同时，纪念馆宣教部门还要统筹安排好小小讲解员在馆讲解时的用餐、饮水、休息场所等事宜。负责小小讲解员工作的讲解员也要及时关注小小讲解员在馆讲解时的工作情况、工作纪律等，发现问题及时对小小讲解员进行指导和安排，有必要时可向本部门负责人汇报或者及时与学校对接老师沟通，确保小小讲解员工作顺畅。由于小小讲解员是在校外进行实践，还要为小小讲解员购买相关保险，确保小小讲解员在馆讲解时的安全。同时，宣教部门要及时对每位小小讲解员的讲解服务时长、次数等进行记录，以供后续奖励时统计。小小讲解员在完成了一个周期的讲解任务后，纪念馆可以考虑对小小讲解员的辛勤付出给予肯定和奖励。奖励主要是精神层面的激励，如，发感谢信至小小讲解员所在的学校、为小小讲解员颁发荣誉证书、为小小讲解员的假期社会实践予以认定，等等。

（二）志愿者讲解培训

纪念馆招募的志愿者，其主要工作内容是为观众提供讲解服务或咨询服务。在纪念馆讲解员有限或业务活动繁忙时，志愿者发挥着重要的辅助作用。培养讲解岗位的志愿者，需要对志愿者进行适当的培训与考核。经过培训与考核后的志愿者方能胜任讲解工作。以下介绍志愿者的大致培训流程。

1. 志愿者的招募

志愿者的招募一般是面向全社会招募成年人，有时也针对青少年学生开展讲解岗位志愿者的招募，被称为小小讲解员招募。虽然志愿服务无报酬，但志愿服务是一种锻炼沟通与交流能力、增加人生经历、实现自我价值、服务社会的善举，越来越受到现代人的青睐和欢迎。志愿者的招募一般是以自愿报名的形式，面向社会进行。

2. 志愿者的讲解培训与考核

宣教部门应指定讲解员为指导老师，全程负责某位或者某些志愿者的讲解考核与培训工作，按进度完成对志愿者的培训与考核。指导老师应先将讲解词发放给志愿者，让志愿者自行熟记讲解词内容。在此期间，指导老师应对志愿者进行实地培训与指导，针对志愿者讲解时的语言表达、普通话、站位、态势语等各个方面予以指导和示范，让志愿者明了自身的不足并朝着正确方向努力改进。志愿者熟记讲解词后，指导老师以展览的部分或组为单元对志愿者进行讲解考核。考核志愿者一般在展厅进行，指导老师需考察志愿者对讲解词的掌握情况和对展板、展品位置的熟悉程度；同时，也要对志愿者的普通话、站位、态势语等各个方面进行考察。在志愿者考核完成后，指导老师应对志愿者的讲解进行点评，及时指出志愿者讲解的长处和有待改进之处，激励志愿者朝着更高的目标迈进。

3. 志愿者上岗讲解

通过宣教部门考核的志愿者，可以上岗为观众提供讲解服务。志愿者讲解时要做到热情大方，耐心解答观众的提问，为广大观众做好讲解服务。志愿者的讲解工作规范与纪念馆讲解员的讲解工作规范基本相同。

4. 志愿者的激励

志愿者之所以到纪念馆从事义务讲解工作，不是为了获取经济报酬，而是怀着一颗奉献社会、服务人民的心，充实自己的业余生活，获取有意义的人生经历。虽然志愿者不是为着经济报酬而来，但纪念馆应当充分尊重他们的权益，制定细致可行的志愿者工作实施方案，保障志愿者在馆方工作时的权益，让他们的志愿工作能得到社会应有的尊重。有些大学生志愿者从事志愿工作，一方面是为了提升自我，奉献社会，另一方面也是为了获取从事社会实践的相关证明材料。在他们确实承担并完成了一定量的志愿工作的情况下，可以给予他们相关的社会实践证明。对于志愿工作完成得出色的志愿者，馆方也可以考虑给他们颁发相关的志愿服务证书或赠送馆方的纪念品，从精神层面对他们的付出予以肯定，鼓励更多的人参与纪念馆的志愿服务工作。

（三）外馆跟班学习讲解员培训

随着博物馆、纪念馆事业的持续繁荣兴盛，纪念馆同行之间的交流也越来越频繁，这间接促进了纪念馆行业的整体向前发展。纪念馆讲解员之间的相互学习、交流，能够节约讲解员培训的开支、加快讲解员在业务上的成长速度。因此，一些纪念馆或文博单位会不定期派出本单位讲解员到大中型纪念馆进修，跟班学习大中型纪念馆在讲解工作上的经验和在社会教育方面的做法。对于承接外馆讲解员培训的纪念馆来说，培训好前来学习的讲解员是一项重要工作，关系到两家纪念馆之间的友好合作与交流。纪念馆可从以下几个方面，对前来跟班学习的讲解员进行培训指导：

1. 聆听讲解

前来跟班学习的讲解员在纪念馆学习期间，首先可以通过聆听纪念馆讲解员的日常讲解来加强业务学习。虽然不同纪念馆的展览对于跟班学习讲解员而言是陌生的，但由于他们从事相同的职业，因而具备相同的职业敏感性。对于同行的讲解，跟班学习讲解员很快就能发现对方的长处和优势。纪念馆讲解员的语言表达技巧、普通话运用、语言表达的抑扬顿挫、语言表达的停连、"因人施讲"的能力、态势语等，都是可资借鉴的方面。而且，不同讲解员有不同的讲解风格，跟班学习讲解员多聆听其他讲解员的讲解，有利于借鉴其他讲解员的好方法，迅速取得进步。聆听其他讲解员的讲解，就像教师之间常有的听课学习，可以博采众长，对于提升跟班学习讲解员自身的讲解技能颇有益处。

2. 展厅指导

宣教部门可以指定部门几名资历较深的讲解员，担任跟班学习讲解员的指导老师，将跟班学习讲解员分成若干组。指导老师可召集自己的组员在展厅内进行现场指导。首先聆听跟班学习讲解员的讲解，然后针对每位跟班学习讲解员的优点和不足进行有针对性的分析，重点指出需要改进的地方和改进的方法，做到有的放矢。这种指导能很快发现跟班学习讲解员的长处与不足，针对性较强，有利于跟班学习讲解员讲解水平的快速提升。指导老师也可以手把手地对跟班学习讲解员进行指导，或者做出示范讲解，让跟班学习讲解员有直观的学习参照。跟班学习讲解员应保持谦虚谨慎的态度，认真领会，虚心学习，努力提升讲解水平，力求学有所获，学有所得。

3. 成果展示

在纪念馆的跟班学习期间，跟班学习讲解员通过聆听其他讲解员的讲解、指导老师示范指导等环节，其讲解技能无疑能获得进步与提升。在结业前，跟班学习讲解员可以通过讲解自己所在纪念馆的展览内容、表演才艺或讲解跟班学习所在纪念馆的一段展览内容等方式，作为此次培训的成果展示，与大家分享。这不仅是跟班学习讲解员对本次跟班学习所获进行的一次集中"亮相"，也是对跟班学习所在纪念馆指导老师辛勤付出的一次真诚"致谢"。

（四）纪念馆新讲解员培训

招聘新讲解员是纪念馆宣教工作可持续发展的一个必要环节，它能为宣教队伍建设注入新的动能，确保宣教工作正常、有序地开展。对于新讲解员，第一步就是要进行系统的培训和考核，考察其是否具备成为一名合格讲解员的潜能和资质。通常情况下，培训讲解员是从熟记讲解词开始的。纪念馆通常会将该馆的基本陈列作为新讲解员熟悉讲解内容的首选。在新讲解员熟悉讲解词之前，宣教部门会指定一名业务骨干或资深讲解员担任新讲解员的指导老师，负责指导和考核新讲解员。以一个由十个部分组成的展览为例，宣教部门通常会设置为期两个月左右的考核周期，让新讲解员完成对整个展览讲解词的熟悉与考核，即平均一周需完成展览一个部分的讲解考核，具体考核进度由指导老师把握。

1. 按展览各部分开展新讲解员考核与培训

指导老师先将讲解词发放给新讲解员，由新讲解员对讲解词进行熟记。新讲解员需要充分熟悉讲解词的内容，背诵讲解词的关键语句。这时，新讲解员对于讲解词可能还是一知半解，对讲解词中的某些内容可能也是"知其然不知其所以然"，但此时宜将讲解词中的关键概念和句段熟背，在自己的深层记忆中留下"烙印"。如有不明白之处，可向指导老师请教。背诵完讲解词后，新讲解员需到展厅"对板"，即将自己背诵的讲解词与展览内容进行匹配。对板后，新讲解员不仅能记住展线，更能强化对内容的记忆与理解，使之前背诵的讲解词更加"具象化"和"生动化"。有些新讲解员则偏好在展厅边对板边记忆的方式来熟悉展览讲解词，此处提供的方法仅供参考。

考核原则上要求新讲解员在展厅内模拟实际讲解来完成。在对新讲解员熟记的每个部分逐一进行讲解考核时，指导老师不仅能考核新讲解员对展览内容的熟练掌握程度，也能发现讲解员的优点和不足。对于不足，应及时指出并予以系统指导，使新讲解员快速地发现自己的不足之处并予以改进。指导老师应对新讲解员的语言表达、普通话、站姿站位、指板、手势等各个方面进行全方位的指导与培训，让新讲解员掌握讲解工作的职业技能，熟悉讲解岗位的职业规范，了解讲解岗位的基本要求。

2. 按展览整体内容开展新讲解员考核

在完成展览各个部分的熟记和考核后，新讲解员对于整个展览的叙事脉络、展览的细节已经有了较为牢靠的把握。这时，新讲解员将面临一场"大考"。这场考核通常会邀请纪念馆的馆领导、人事部门负责人、宣教部门负责人和馆方其他相关人员参与，采用现场抽取展览中部分内容进行讲解的方式。评分组将采用打分的方式对新讲解员的讲解表现进行评分，并研究决定新讲解员是否通过考核。有时，评分组也会随机提出问题，让新讲解员回答。这就需要新讲解员沉着冷静，对提问予以中肯、合理的解答，展现新讲解员的知识内涵和应变能力。总之，这次"大考"是对新讲解员自进馆以来各方面学习、培训成效的一次全方位的检验，决定着新讲解员能否正式踏上讲解岗位，因而需要新讲解员高度重视该考核，在各方面做好充分准备。新讲解员需要在熟练掌握讲解内容的同时，注意仪容仪态、站姿站位、指板的手势等，展示出最理想的状态，争取一次性通过考核，顺利踏上讲解岗位。

3. 新讲解员上岗后的注意事项

新讲解员在通过了"大考"后，即正式地走上了讲解岗位，成为一名光荣的纪念馆讲解员。新讲解员的讲解对象不再是指导老师，而是真实的观众。这需要讲解员迅速转变角色，调整心态，适应新工作岗位。在刚走上讲解岗位时，新讲解员可能会面临很多未知的情况，因此，新讲解员要多向老讲解员请教，不懂就问，在讲解过程中逐步熟悉观众、了解观众，找出讲解工作的规律性。在工作实践的过程中，多学习，多读书，不断扩充自己的知识储备。新讲解员在刚从事讲解工作时，由于经验不足，难免在讲解时习惯性地背诵讲解词，出现"照本宣科"式的解说。新讲解员很快就会发现，这种背稿式的讲解方式不会受到所有观众的欢迎。随着讲解次数的不断增加和工作经验的持续累积，新讲解员需要不断践行"因人施讲"的理念，针对不同观众的特点和需求进行讲解。所谓"因人施讲"，即根据观众的文化程度、年龄特征、认知水平、职业背景等采用不同的讲解方式，选择合适的讲解内容，有针对性地进行讲解，让不同的观众都能从讲解中受益。只有这样的讲解，才会具有针对性，才会受到各种类型观众的欢迎。此外，对于有志于在讲解岗位上取得长远进步与发展的新讲解员，朝"专家型讲解员"方向发展也是从担负讲解工作开始就要树立的职业理念。新讲解员要在讲解岗位上有所建树，势必要朝着"专家型讲解员"方向发展。

第六章
纪念馆新兴社会教育业务的开展

随着经济的发展和科技的进步，越来越多的新技术手段不断涌现。纪念馆社会教育领域也不可避免地涌现出一些前所未有的新方式和新手段。例如，随着互联网和智能手机的逐渐普及，纪念馆社会教育领域出现了如讲解直播、宣教短视频开发等新兴的社会教育方式；随着研学旅行在全国如火如荼地展开，纪念馆为对接研学旅行的开展，更好地服务于广大中小学生的研学，出现了展厅研学授课等新兴的社会教育业务。这类新兴社会教育业务的出现反映出纪念馆根据时代的发展不断推陈出新，丰富观众的观展选择，从而更好地满足观众的个性化参观需求，充分发挥纪念馆的公共文化服务功能。本章详细介绍纪念馆较为常见的几种新兴的社会教育业务。

一、现场教学

在纪念馆界，现场教学有多种形式，如旧址现场教学、展厅现场教学等。纪念馆除了拥有丰富的展览资源外，还拥有珍贵的历史文化旧址资源。有些纪念馆就是在名人故居或重大事件发生地旧址的基础上建立起来的。因此，这些珍贵的旧址蕴含着丰厚的历史文化底蕴，是纪念馆进行旧址现场教学的宝贵资源。观众在旧址聆听现场教学，能切实感受旧址蕴含的历史文化，感悟曾经在旧址发生的感人故事，从更深的层次和全新的视角解读旧址，从而突破了仅仅停留在从建筑外观欣赏旧址的层面，获得深层次的知识文化体验。展厅现场教学，即基于展厅中的某件实物、某张图片，通过深入挖掘和整理其背后的历史和故事，将其转化成课程文本进行现场教学。展厅现场教学不同于展厅讲解，它的特点是基于展厅中的某件实物、某张图片进行深入解读，具有以小见大、见微知著的效果。对于缺乏足够时间聆听讲解员进行展厅系统讲解的观众来说，可以选择聆听展厅现场教学。通过展厅现场教学，观众能透过展览的某件代表性物品窥见整个展览所蕴含的精神、理念和所要传达的思想内涵。

（一）课程方案策划

纪念馆的宣教部门首先可以对纪念馆的旧址资源和展览资源进行梳理，大致列出清单，进行可行性分析。厘清旧址和展厅中具备开发可行性的现场教学资源后，即可将具备故事性和生动性的旧址和展览资源整理成一个初步的现场教学课程方案。现场教学课程方案中需列出拟用课程的特色、教学目的和课程文本的大致思路等内容，经方案策划人员共同商议后，再交给宣教部门负责人修改、审定。

（二）课程文本撰写

现场教学课程方案定稿后，宣教部门即可安排人员进行课程文本的撰写工作。可成立课程文本撰写小组，推选组长一名，其余为组员，每名组员负责一堂现场教学课程文本的撰写。组员在撰写课程文本时，应特别注意：现场教学是挖掘一张照片、一件实物或者一个旧址的历史和故事，需要有史实为课程文本的内容提供支撑。这就要求查证的相关佐证材料，即课程文本的论据，必须准确无误，而不能杜撰历史或随意发挥，要让听众知其然更知其所以然。组员在撰写课程文本的过程中，可进行小组间的讨论，集思广益；也可咨询本馆的研究人员或领导专家，请他们对文本框架提出意见和建议，对内容的准确性进行把关，等等。各组的课程文本初稿撰写完成后，组员将课程文本提交组长统稿和审定。组长负责对提交的课程文本进行初步把关，统一课程文本的体例，重点是考察课程文本的撰写内容是否与课程方案的要求吻合。如果出现偏差，则需要与组员就偏离的原因进行探讨，论证课程文本的合理性。如果课程文本需要修改，组长需将修改意见反馈给组员，由组员进行修改。待所有课程文本初步定稿后，组长将课程文本提交宣教部门负责人进行审定。如有必要，课程文本可由宣教部门送交馆领导审定。

（三）开展现场教学

课程文本定稿后，即可进入现场教学的实施阶段。一般情况下，每个现场教学点至少要安排两名讲解员熟练掌握教学内容。讲解员在熟练背诵课程文本后，即可基于自身宣教经验和实际情况，开展现场教学。开展现场教学的过程中，要注重语言表达的生动性，把感情融入讲授之中，将观众"代入"当时的历史情景之中，让观众在不经意间获得沉浸式的听课体验。讲解员在开展现场教学后，也要积极总结经验，大胆创新，总结观众喜爱的叙事风格和表达方式，不断改进现场教学效果，让现场教学不断趋于完善。

二、展演节目

随着时代的发展，纪念馆的社会教育方式也在不断演变与发展，以更好地满足观众获取知识文化的需求。展演节目就是近年来逐渐流行的一种新兴的社会教育方式。展演节目包括朗诵、情景剧、话剧、表演等，形式多样，内涵丰富。纪念馆宣教部门根据宣传教育主题精心编排的具有感染力和教育意义的各种展演节目，常常受到广大观众的关注与喜爱。相较于传统讲解以"讲"为核心的传播方式，展演节目在"讲"的基础上融入了"演"的成分，让知识文化传播的方式更加生动鲜活，因而更具吸引力。

（一）文本撰写

展演节目的推出，首先要有内容完整且具备吸引力的节目文本，这是展演节目能否受到欢迎的前提条件之一。文博行业内常说的"内容为王"，即是说，展演节目的展现形式再亮眼，也要有精彩的内容做基础。展演节目文本的选材和编排应该注意其内容的生动性、感染力，具备一定的故事情节，通过故事讲述一定的道理。在某种程度上，展演节目可以被视为一场舞台剧，其叙事方式可多种多样，既可娓娓道来，亦可高低起伏，总之要能够调动观众的兴味，让展演节目的主题思想在叙事情节的逐步推进中逐步明晰，最终达到育人化人的目的。讲解员撰写的展演节目文本定稿后，应交由宣教部门负责人审定。如果时间上允许，也可由部门组织讲解员就展演节目文本的局部改进进行探讨，让展演节目文本更趋完善。

（二） 编排与磨合

以讲解为代表的传统的社会教育方式是以"讲"为主，讲解员主要靠先熟记讲解词，再基于讲解员自身的讲解技能和工作经验，把已经内化吸收的讲解词通过一定的语言表达技巧用话语讲出即可；展演节目则不同，除了讲述，它还涉及"演绎""表演"的成分，因此还需要对节目进行一定的编排。首先，宣教部门需确定参加展演节目的人员安排，有的展演节目由主讲人员同时担任讲述和演绎；有的展演节目则需要主讲人员和群演等多种角色配合进行。确定好人员分配后，演职人员需要熟悉展演节目文本，尽快熟记和背诵各自饰演角色的台词。基本掌握各自饰演角色的台词后，即可进入展演节目的编排阶段。编排节目时，可安排宣教部门具有表演专业背景或相关经验的人员对节目的编排进行指导，如果条件允许，也可邀请馆外的专业人员对展演节目的编排进行指导。在编排的过程中，需要不断地演练与磨合方能取得较好的呈现效果。演职人员应配合指导老师的工作，记牢自己承担角色的台词、动作等，与其他演职人员通力协作，精准配合。现今，展演节目通常还会配上背景视频和音乐，这也需要演职人员不断演练，方能达到播放的视频与演职人员的呈现完全吻合的程度。可以说，展演节目的每一次精彩呈现，背后是演职人员多次演练和辛苦付出的结果。

（三） 正式演出

在正式演出时，演职人员可先到演出场地查看现场情况。因为演出的场地各有不同，应先进行"踩点"，熟悉演出场地的具体情况，才能更好地进行演出。同时，要注意视频资料、音频资料的准备，调试好话筒、音响等设施设备，还需要准备好演职人员的服装和道具、做好演职人员的化妆等。待所有准备工作到位后，即可进行正式的演出。如果该展演节目是作为比赛的参赛节目或在开幕式等大型活动中演出，还需要在正式演出之前进行彩排，在演出场地现场演练数遍，以获得正式表演时的最佳呈现效果。

三、主题宣讲

主题宣讲是基于某个节日或庆祝活动，围绕特定主题撰写宣讲稿件，并进行宣讲的一种社会教育方式。不同于纪念馆基于展览开展社会教育的传统模式，开展主题宣讲的讲解员走出场馆，主动将宣讲送到社会各界，因而改变了被动等待观众进馆参观的模式，扩大了纪念馆社会教育的覆盖面和影响力。

（一）宣讲稿的撰写与审定

在开展主题宣讲前，讲解员应根据宣讲的主题、宣讲的时长等具体要求进行宣讲稿的撰写。例如，每年的 5 月 18 日是国际博物馆日，这是博物馆、纪念馆界的一件盛事。一些大中型纪念馆会围绕国际博物馆日开展系列宣讲。讲解员需要结合当年国际博物馆日的主题和本馆的实际，撰写国际博物馆日主题宣讲稿。这样的宣讲稿主题鲜明，时代感强，能很好地营造国际博物馆日的浓厚氛围，让广大观众更好地了解文博事业，进而关心文博事业的发展。宣讲稿撰写完成后,应送交宣教部门分管该项工作的负责人审定。审定合格后,方可用于正式宣讲。如果主题宣讲配有PPT等辅助宣讲材料,也应一并提交审定。审定后的宣讲稿,讲解员需熟记于心,反复演练,在正式宣讲时脱稿进行宣讲。

(二)正式宣讲

因为宣讲通常在馆外进行,有时会深入机关、农村、学校、厂矿等,讲解员需提前准备好宣讲所需的资料,如PPT、道具等,提前抵达宣讲场地,调试好话筒、音响等设施设备,提前做好化妆等工作。如有需要,可以在正式宣讲前进行适当的演练。正式宣讲时,讲解员应保持良好的心态,充分展示纪念馆和自身的风采。作为一种社会教育的新方式,主题宣讲不仅扩大了纪念馆的影响力,也拓展了纪念馆的教育与传播功能。

四、新展览短视频开发

一个新展览在完成制作即将开幕之际,宣教部门即可策划新展览短视频的摄制工作。新展览短视频在新展览开幕时同步推出,不仅可以为新开幕的展览营造氛围,而且可以广泛进行宣传推介,起到广而告之的作用,让更多的人知道纪念馆举办的新展览,扩大新展览的影响力。可以说,新展览短视频就像电视剧的预告短片,不仅可以让观众通过短视频了解展览的大致样貌和相关内容,而且可以吸引观众对该展览的关注,进而产生前往实地观展的想法和付诸参观的行动。因此,新展览短视频的拍摄与制作愈来愈成为一种比较普遍的新展览宣传推广方式。

（一）前期准备

新展览短视频的开发宜由从展览最初的策划开始就参与其中的讲解员承担，因为他们参与了展览的策划与设计制作流程，对展览内容相对更为熟悉。首先，讲解员需要根据自身对于展览内容和宏观情况的了解，挑选出适宜于开发短视频的内容点。新展览短视频的内容可围绕展览中的某一件文物、某一块展板、某一幅照片来确定，通常是挖掘展品、文物、照片背后的故事。新展览短视频内容要有一定的故事性，并且能够支撑一个新展览短视频所需的时间长度。这就要求负责新展览短视频文本撰写的讲解员查阅大量资料，对相关的知识点进行梳理，找出最为合适的内容。

（二）新展览短视频文本撰写

新展览短视频内容点确定后，就要撰写短视频的文本。撰写短视频文本时，要注意讲述内容的故事性，以讲述的展品、文物、展板、照片等为引子，引出其背后蕴含的感人故事。故事的讲述能让短视频富有情节性和吸引力，但还需要提炼出故事所阐述的道理或主题思想。主题思想通常作为整个短视频的升华部分，置于短视频的末尾予以讲述。一般来说，短视频时长以 5 分钟左右为宜，文本的字数以时间要求来确定。新展览短视频文本撰写完成后，需送交宣教部门负责人审核把关。如果部门负责人提出修改意见，负责撰写文本的讲解员则需要根据修改意见对文本进行认真修改，并将修改稿提交部门负责人审核，直至定稿。

（三）新展览短视频拍摄

新展览短视频的拍摄需要讲解员与技术人员合作完成。讲解员需事先熟记短视频文本，并与技术人员进行适当的拍摄演练与磨合。短视频可能会经历多次重复拍摄。在拍摄的过程中，讲解员需要始终保持良好的状态，按照拍摄的要求，展现出最佳状态。

（四）新展览短视频编辑与修改

在展厅的拍摄结束后，技术人员会对拍摄的视频原始资料进行编辑与加工，将其打造为一份正式的新展览短视频进行教育与传播。在技术人员对短视频进行编辑加工的时候，可能会需要负责讲述的讲解员配合完成一些编辑加工的工作，也可能出现需要重新前往展厅进行拍摄的情况。讲解员需要全力配合，一以贯之地完成新展览短视频的拍摄与编辑加工工作。在新展览短视频制作完成并对外发布后，此项工作才得以全部完成。

五、讲解直播

随着移动互联网技术的不断发展，人们越来越能实实在在地感受到现代科技给人们带来的便利和舒适。只要有一台智能手机，充好电，联好网，就能轻易实现与外界的互联互通。讲解直播就是文博领域应用最新的移动互联网技术，为广大观众提供便利观展方式的一种新的尝试。讲解直播具有便捷性、跨时空性和交互性等特点，已被越来越多的纪念馆宣教部门所采用。

（一）讲解直播的特点

1. 便捷性

讲解直播具有便捷快速的特点。观众无需前往纪念馆展厅实地参观即可聆听纪念馆专业讲解员对展览的详细介绍，便捷程度高。观众只需进入讲解直播间，就可以根据自己的需求观看纪念馆的讲解直播，通过这种生动活泼的教育形式获取历史文化知识，更为高效地利用纪念馆提供的展览资源和知识信息。

2. 跨时空性

讲解直播之所以受欢迎的一个重要原因是它突破了时空对观众参观的制约。对于因各种原因不能到纪念馆现场参观的观众，无论与纪念馆相距多远，都可以通过讲解直播的方式参观展览，为观众提供了极大的便利；纪念馆通过对讲解直播情况的录播，还可以方便那些因各种原因无法实时收看直播的观众。他们可以根据自己的时间安排，收看展览讲解介绍的录播，从而也突破了时间上的限制。

3. 交互性

观众在直播间观看讲解直播时，虽然不能像现场观展那样与讲解员进行面对面的沟通交流，但讲解直播仍然可以部分满足观众与讲解员的互动需求。观众在观看讲解直播时，可以在直播间内留言，或进行评论，讲解员在直播时也会不定期查看观众在直播间的留言和提问，并及时予以解答。因此，观众与讲解员的沟通交流也能够得到部分实现，较好地满足了观众的互动需求。

（二）讲解直播流程

1. 讲解直播前期准备

讲解直播和日常的展厅讲解最大的区别之一是，讲解员不是面向观众进行讲解，而是面向摄像设备进行讲解。负责讲解直播的讲解员应在正式直播前与技术人员在展厅进行实地演练，熟悉讲解直播的流程，积累经验，在与技术人员演练讲解直播时逐步达成默契。在正式直播之前，还要注意提前向大众进行宣传推介。比如，在正式直播前数日，在纪念馆的官方网站、微博、微信公众号、微信视频号上进行宣传推介，让广大观众知晓讲解直播的时间和收看的渠道等信息。讲解直播前的宣传推介工作对于正式讲解直播时参与的人数和观众对讲解直播的关注度有一定的影响，是讲解直播能否取得成功的影响因素之一，因而需要认真对待。技术人员也有可能邀请讲解员拍摄照片、视频等用于海报制作、宣传推介等，讲解员需要积极配合完成。

2. 正式讲解直播

在正式讲解直播时，观众是在互联网直播间收看线上讲解，因而会在线留言进行提问。所以，讲解员在讲解直播时，会手持一部手机，手机上同步播放自己的讲解直播，可以看到观众的提问留言内容。讲解员在讲解直播的过程中，需要不定期查看手持手机屏幕上的观众留言提问，尽量及时解答观众的留言提问，与直播间的观众进行良好的互动。讲解展览内容时，要挑选出重点内容进行介绍，同时，兼顾展览的整体脉络，注意突出重点又顾及整体。讲解员在讲解直播时，要注意保持良好的精神面貌，以饱满的姿态、敏捷的反应和灵活的方式，展现纪念馆展览的亮点和讲解员自身的风采。

六、展厅研学授课

展厅研学授课是近年来在纪念馆社会教育领域逐渐流行的一种新兴的教育方式。展厅研学授课是相对于在学校教室或纪念馆非展厅区域进行授课的方式而言的。参加研学的学生在抵达纪念馆后，除了参观展览外，一般是在纪念馆的多功能厅、会议厅或青少年活动中心开展研学授课活动，由纪念馆宣教部门的讲解员为学生讲授纪念馆开发的特色课程。随着研学旅行在全国的逐渐铺开和日渐流行，一些纪念馆宣教人员开动脑筋，创新承接青少年研学旅行的方式方法，不拘泥于参观展览、纪念馆多功能厅授课等教学方式，而是基于纪念馆所拥有的丰富展览资源，开发了全新的展厅研学授课模式。虽然展厅研学授课模式也是一种宣教人员讲授、学生听讲的教学模式，但这种模式独具特色，它能充分利用纪念馆所拥有的独特的展览资源和宣教队伍优势，让研学学生获得一种在学校无法体验的全新学习经历。

（一）展厅研学授课的特点和优势

1. 真正实现展教结合

如何有效地实现陈列展览和社会教育相结合的问题是近年来博物馆、纪念馆界探讨得较多的话题。不少纪念馆基于展览所实施的社会教育方式仍然是以传统的讲解为主。当前，中小学生研学旅行方兴未艾，如何有效挖掘纪念馆的展览资源，开发优质高效的研学课程，让中小学生在短暂的研学旅行实践中有所收获，是纪念馆社会教育领域亟待优化的问题。展厅研学授课即是在这种背景下孕育而生的一种全新的研学教育方式，它能最大化利用展览资源，在一定程度上弥合展览与教育“各行其道”的现状，真正实现展览与教育的紧密结合。

2. 有效实现见物见人见精神

纪念馆所呈现的展览，汇集了内容策划人员、展览设计人员、各级领导和评审专家的智慧，经历了不断的磨合与各级领导的评审，才最终得以呈现并与观众见面。因此，展览中的每一幅照片、每一件文物、每一段文字之所以得以展现，其背后都蕴含着深刻的逻辑和线索。展厅研学授课即由纪念馆的宣教人员把具有深刻内涵或承载某种道理的一些重点展品挑选出来进行课程开发，通过故事化的叙事编排和生动的讲述，让中小学生产生共鸣与共情，进而认同纪念馆传播的思想和理念。

3. 效果明显，印象深刻

展厅研学授课对于参加研学的中小学生而言是一种新鲜有趣的学习体验，因为它将教学的场所由学生平常熟悉的教室搬到了纪念馆的展厅之中。学生浸润在展厅的特有环境和文化氛围之中，沉浸式地接受展厅特有的文化氛围所带来的精神洗礼和熏陶。与学校课堂教学主要是系统化、抽象化的概念性知识讲授不同，纪念馆展厅研学授课中，与讲授内容紧密相关的物品正是学生通过视觉就能感知的一件件具体的展品，因而更容易被学生理解和接受，也更能给学生留下深刻的印象。

（二）展厅研学授课课程设计开发流程

纪念馆想要基于自身的展览资源优势，对接方兴未艾的中小学生研学旅行，第一步要解决的问题就是设计开发较为成熟的展厅研学授课课程体系。可以说，研学课程的设计开发是展厅研学授课的第一环，也是展厅研学授课取得预期效果和受研学学生欢迎的重要前提。因此，要高度重视展厅研学授课课程的设计开发工作。

1. 展厅研学课程方案的拟定

制定展厅研学授课课程方案前，宣教部门需要根据研学学生的学段，基于展览的内容，挑选出最适合进行教学的展厅研学授课教学点。教学点可以是一件文物、一处场景、一幅照片或一块展板，等等。如果研学授课面向的是小学、初中、高中三个学段的学生，则教学点的选择需结合各个学段学生的特点来进行挑选。宣教部门需要指定数名讲解员负责小学、初中、高中三个学段的研学课程方案拟定工作。负责拟定课程方案的人员基于自己对展览的了解和对于学生认知水平的把握，设计出研学课程的大致内容，其中包括具体的教学点、教学点的数量、课程教学目的、教学方式等。其中需体现的重要内容包括：为什么选择某个教学点，以及选择的各个教学点之间的内在逻辑联系。完成研学课程方案的初稿后，交给负责统筹此项工作的部门负责人进行整理汇总。

2. 展厅研学课程方案的修订

宣教部门负责人对提交的展厅研学授课课程方案起草人员拟定的初步方案进行审核，针对拟用的教学点、展厅教学点的位置、数量、均衡布局等进行宏观把握，如有需要修改之处，则由负责课程方案拟定的讲解员予以修改。部门也可以召开会议，听取大家的意见和建议，集思广益，看哪种展厅研学授课课程方案最为合适。课程方案确定后，还需要报主管领导审核。如有意见，则需根据领导的意见进行修改完善。

3. 展厅研学课程教案的写作

课程方案确定以后，就可以进入课程教案的写作阶段。通常来说，人员充足的情况下，每个教学点安排一名讲解员承担教案的撰写工作，并负责教案的修改。写作教案时，要针对不同学段学生的年龄特点、认知水平、理解能力等，采用不同的语言表述方式。例如，针对小学生的教案内容，讲述内容宜通俗易懂、语言直白，以故事的形式让学生直接了解课程需要传达的主题。同时，教案设计需要加入问答等互动的形式。因为小学生的注意力易分散，采用问答等互动的形式可以保持他们的专注力，取得相对较好的教育效果。对于初中生和高中生，教学内容则不宜仅仅停留在讲故事的层面，而是要提炼出一定的主题，具有一定的深度和高度，适合初中生和高中生的知识层次和理解能力。教案的撰写需要严格按教案模板要求进行撰写，一般应包括教学目的、教学过程、小结等内容。

4. 展厅研学课程教案的修改与完善

讲解员撰写完教案内容后，应首先将教案提交部门负责人审核把关，如有需要修改的地方，则由部门返回意见后，由负责课程教案撰写的人员进行修改完善。初步定稿后，交由馆领导审核把关。如有需要修改的地方，负责课程教案撰写的人员需根据馆领导反馈的修改意见进行认真修改。经过多次的修改和完善，教案内容定会日趋成熟与完善。

5. 展厅研学课程的试讲与考核

课程教案定稿后，则进入试讲与考核阶段。宣教部门需先安排好负责各个研学授课教学点的讲解员，再把教案定稿发给讲解员进行熟悉与背诵。讲解员需要尽快熟悉课程内容，并在展厅进行实地演练。如果一个展厅的教学点不多且时间充裕，可由一名讲解员完成所有教学点的讲授，即通讲。在时间紧且讲解员人手足够的情况下，可以先由一名讲解员负责一个研学授课点的讲授，再逐渐过渡为由一名讲解员通讲。这种模式为讲解员熟悉课程内容争取了时间，但存在一个缺陷，即同一批学生在开展研学时，需要在展厅教学点安排多名讲解员讲授。这种模式仅仅适用于时间紧，讲解员暂不能做到通讲的情况。讲解员熟练掌握课程内容后，部门组织试讲与考核。试讲与考核不仅可以考察讲解员对课程内容的掌握程度，还可以检验课程的现场讲授效果。必要时，可以邀请学生进行实地模拟演练，在开展正式授课前检验课程的教育效果，积累前期经验。

（三）展厅研学授课流程

担任展厅研学授课的主力军是研学授课老师，一批学生的展厅研学授课任务基本上由一名老师独立完成。纪念馆负责研学授课的人员主要是宣教部门的讲解员，他们有着丰富的讲解实践和授课实践经验，是承担研学授课任务的理想人选。以下介绍展厅研学授课的基本流程。

1. 授课前

通常情况下，开展展厅研学授课时，每批次的学生人数较多。当大量学生聚集在一起时，如果不维持好队形和纪律，学生容易产生喧哗、打闹等情形。因此，在授课之前，学生的整队和纪律维持非常重要。只有学生保持队形整齐、安静有序，才能为展厅研学授课的正常开展做好准备。同时，学生在展厅行进与听课时，如果不能保持良好的队形和秩序，发生喧哗、打闹等情况，不仅无法保障研学授课的效果，也会影响展厅内其他观众的正常参观。一般情况下，带队教官会对学生队伍进行整理，研学授课老师配合教官整队即可；有时则也需要研学授课老师自行整队。因此，研学授课老师要事先熟悉整队的口令，如："立正""稍息""向左转""向右转""向后转""向前对正"等。授课老师也可以在授课前和带班老师或带班教官沟通好，请带班老师或带班教官共同维护授课时的安静氛围和授课纪律，以达到最佳的授课效果。待学生队伍整理好并安静下来后，方可向学生介绍本次授课的具体安排。介绍授课流程时，授课老师要先对参加此次研学授课的学生表示欢迎，随后进行自我介绍。接着，授课老师要向学生大致介绍此次研学授课的流程、时间、形式、授课主题、展厅授课地点等，让学生对本次授课的安排有一个大致的了解。同时，明确告知学生在研学过程中的一些注意事项。例如，参观学习全程保持安静，不嬉笑打闹，不触摸文物，不吃零食，等等；提醒学生在进入展厅后，要保持好队形，跟随大队伍行进，防止走散，等等。

2. 授课中

授课老师在介绍本次研学授课的大致安排后，即可让学生按队列行进，整齐划一地进入展厅。抵达教学点后，授课老师可根据展厅授课现场的大小进行学生队伍的安排，让学生迅速地找到自己的位置并保持安静。必要时，可配合教官重新整队或自行整队。此处授课老师需要注意的是，务必使学生保持好队形，整队时间不宜过长。同时，授课老师应灵机应变，根据场地的情况和学生的人数进行有效安排，灵活调整学生的站位。待学生站好并安静下来后，授课老师方可安排学生把各自携带的马扎摆好，让学生坐在马扎上准备听课。学生坐好后，即可进入正式授课流程。

在授课时，授课老师既要保持亲和力，让学生产生信赖感，也需要严格要求，维持好课堂的听课秩序，引导学生积极参与课

程中设置的提问、互动、齐声朗诵等环节。对于学生的积极回答
或参与，不论回答正确与否，都应予以鼓励，再给出正确答案，
激发学生的自信心，维护学生的自尊心。同时，授课老师在授课
时要注意控制授课时间，以免影响下一批来相同教学点听讲的学
生。如果开展展厅研学授课时，多批学生同时到馆并等候进入展
厅开展研学，宣教部门需安排多名授课老师负责展厅研学授课。
当第一批学生进入展厅开始授课后，第二批学生的授课老师应在
展厅外组织好学生，整理好队伍，并采用齐声朗诵诗词等形式，
让学生稍作等候，待第一批学生完成第一个研学授课点的授课后，
方可带领第二批学生进入展厅第一个研学授课点进行授课。因每
批次学生的研学授课点相同，所以负责第一批学生的研学授课老
师需要控制好授课时间，以防出现后续批次学生等候时间过长的
情况。研学授课老师在整个授课的环节都要注意控制好时间，既
要保证教学效果，也要灵活处理各类突发情况。

3. 授课后

授课后，研学授课老师可咨询参与研学的学生及随行老师对
教学的反馈意见，或者请他们填写听课感想等。听取研学学生对
于研学授课课程的反馈，不但有助于更好地评估课程教学效果，
改进教学方式，也有利于改进课程内容。课程在设计开发时，难
免带有课程设计人员对于课程效果的理想化预估，然而，课程能
否取得理想的教育效果，还得经历实践的检验。对于课程的普遍
受肯定之处，可以发扬，对于反映不佳之处，则需要进行课程改
进。通过搜集参加研学学生的反馈意见和对课程的评价，可以不
断完善课程的内容和教学方式，在教学实践中不断总结经验，力

争形成广受学生欢迎的展厅研学授课品牌。

(四) 开展展厅研学授课的注意事项

开展展厅研学授课，是一项系统联动工程。它的正常实施，需要纪念馆宣教部门、安保部门、后勤部门等多部门的大力支持，需要纪念馆管理人员、讲解员、安保人员等各方面人员的协同配合。在展厅研学授课的授课前、授课中和授课后各个阶段，各部门、各方人员要各司其职，提前做好各项准备工作，制定应急预案，确保展厅研学授课的顺利开展。

1. 授课前的注意事项

在研学开展前，纪念馆可为研学学生准备好马扎，将马扎放置在展厅入口处。研学学生列队进入展厅时，工作人员引导每位研学学生随身携带一条马扎进入展厅。在跟随授课老师进入展厅后，学生根据队列找到自己的位置，根据授课老师的要求摆好折叠的马扎，坐在马扎上听课。听完一堂展厅研学授课课程后，学生拿起自己的马扎并随身携带，进入下一个展厅研学授课教学点。对于授课老师而言，则要在研学授课前调试好话筒和音响设备。宣教部门则要准备好备用话筒和备用音响设备，以便在出现突发情况时使用。在授课老师充足的情况下，宣教部门宜安排备用授课老师，以便在出现突发情况时替补。

2. 授课中的注意事项

研学授课老师在进行授课的过程中，要根据学生的年龄层次和认知水平，选择适当的表达方式，使用合适的语气和语调，塑造具有亲和力的形象。同时，可根据讲述内容的主题和情节在语言表达技巧上有所变化。例如，讲述轻松欢快的内容时语调可以适度上扬；讲述悲伤严肃的内容时语调则可以低沉缓慢。通过调整语言表达上的抑扬顿挫和轻重缓急，能使讲述更有感染力，更具有代入感，让学生被讲述所吸引。与此同时，除了对语言表达上的抑扬顿挫和轻重缓急等进行有效把控外，授课老师在口头讲授时还可辅以适当的态势语言。例如，结合所讲述的主题内容，辅以适当的手势，可以避免持久站立讲述时的枯燥和乏味，从而让讲述变得更加生动、更具亲和力。

此外，开展展厅研学授课时，需要安保人员配合做好观众的疏导和解释说明工作。当一批学生聚集在展厅中的研学授课区域时，势必会对其他在展厅参观的观众近距离参观展品产生一定的影响，这就需要安保人员对其他观众做好解释说明工作，安抚他们的情绪，请观众稍作等待或先参观其他开放的展览区域，待研学授课完成后再参观研学区域的展品。在研学授课区域，安保人员需在学生研学区域设置隔离带，但要为其他观众参观展览留下通道。展厅观众量大时，安保人员还需在研学授课现场引导观众进行分流，防止观众在研学授课区域过久停留导致展厅拥堵。安保人员还需在研学授课区域外围摆上水牌，标明"研学授课中，请保持安静，谢谢配合"等字眼，提醒其他参观的观众前方区域正在进行研学授课，请观众保持安静并予以理解，为展厅研学授课营造良好的教学环境。

3. 授课后的注意事项

在展厅研学授课全部完成，研学学生走出纪念馆展厅即将离开纪念馆时，需引导学生将随身携带的马扎整齐摆放回原有的位置，方便下一批研学学生使用。同时，纪念馆可在研学出口处设置盖章打卡点，由纪念馆的工作人员在给学生发放的研学手册上盖章留念。研学学生每参观完一个展览或展区，即可盖章留念。

（五）当前纪念馆展厅研学授课的问题及对策

当前，纪念馆展厅研学授课方兴未艾，已经成为一些纪念馆展厅中独特且靓丽的一道风景线。以展厅研学授课的方式对接研学旅行，是纪念馆领域的一大创新举措，也是丰富研学旅行内涵，打破过往某些研学旅行"只游不学""走马观花"的一种重要方式。它不再让研学旅行等同于普通的参观游览，而是让学生在纪念馆展厅内静下心来，坐下身来，停下脚步，真正用心、用情感悟历史文化的博大精深和中华文明的源远流长。正如任何新兴的事物都要经历一个不断完善的过程，虽然以纪念馆展厅研学授课为代表的研学旅行创新方式取得了较好的反响，但实事求是地看，展厅研学授课仍然存在着一些有待改进之处。下文列举一二。

1. 课程设计方面的不足及对策

（1）不足之处

纪念馆宣教部门在课程开发设计时，课程设计与教案撰写人员主要是基于自身对展览内容的掌握和在日常工作中对于青少年的了解来进行课程设计开发，对于青少年的真实认知水平、当前青少年的心理特点等尚缺乏详尽的认识和研究。因此，纪念馆开发的展厅研学课程能否取得学生的共鸣与共情，并且让学生对讲授的内容真正产生认同，其教育的实效究竟如何，尚不明朗。纪念馆设计开发的课程，虽然同一个授课主题通常会根据不同学段的学生设计开发诸如小学、初中、高中等不同的版本，但课程的设计尚未实现与各个学段的学生在学校学习的诸如历史、语文等学科知识的有效衔接，导致纪念馆开发的课程与学校教授的学科性知识在互补性方面存在一定的不足。

（2）改进对策

纪念馆在研学课程开发之前，充分了解学生的实际需求、学生的兴趣爱好和学生学习内容与纪念馆资源之间的契合程度等，是决定纪念馆最终呈现的研学课程能否受学生欢迎的重要前提条件之一。纪念馆宣教部门在课程开发之前，可以通过设计调查问卷的形式，前往学校广泛了解学生的认知水平、兴趣爱好、知识水平等实际情况。宣教部门也可以在拟好课程方案后且尚未开始撰写课程教案前，将课程方案发放给学校的部分学生，听取学生的意见和建议。在综合学生的意见后，再考虑是否对课程方案的拟题进行调整或更改，避免出现撰写的课程内容与学生的期待相去甚远的情况。同时，在课程讲授完成后，可以发放评价表给开展研学的部分学生或所有学生填写，听取研学学生对课程的评价和反馈，更好地优化课程设置、改进课程内容。总之，如果青少年在书本上学习的知识能在纪念馆找到相关的印证，纪念馆讲述的内容又能符合各学段学生的接受水平和理解能力，那么，这样的课程内容自然更容易引起学生的共鸣，也更易于被学生所接受和认同。

2. 课程讲授方面的不足及对策

（1）不足之处

当前纪念馆展厅研学授课主要采取授课老师结合展厅陈展的展品、图文展板等进行讲述，学生聆听兼观看的方式。这种"我讲你听"的教学方式能够较好地保持学生听讲的注意力和对讲述内容的关注度，便于授课老师对整个课堂秩序的把控和对课堂纪律的维持，防止喧哗吵闹现象的出现。但这种教学方式与学校课堂教学的模式极为相似，它的不足之处是，学生在纪念馆的研学旅行依然是以被动听讲的方式为主，体验性和互动性不强。

（2）改进对策

学生到纪念馆参加研学实践，虽然听讲的内容与日常在学校接受的学科知识教育有所不同，会让学生有耳目一新的感觉，但如果能在讲授的过程中，适当设置一些沉浸式体验或动手操作的环节，会令整个研学活动收到更好的效果。例如，授课老师在进行授课的过程中，如果时间允许，可以适当引导学生观看展厅中的多媒体视频资料或参与到体验式互动项目之中，增强学生的体验感，让研学学生体验纪念馆学习与学校课堂学习的不同之处，从而使学生对研学经历留下更为深刻的印象，也为纪念馆培养未来的潜在观众打下了基础。

3. 展览设计方面的不足及对策

（1）不足之处

一方面，很多纪念馆的基本陈列等大型展览在多年前进行展陈设计之时，展厅研学授课尚未兴起，因而并未在空间设计时专门为研学授课留有足够的空间。纪念馆在开展展厅研学授课时，由于展厅的空间有限，而参加展厅研学授课的学生往往一个团队至少也有几十名学生，所以在进行研学授课时，会因为展厅空间不够，导致展厅出现一定程度的拥堵现象。而且，学生聚集在展厅中进行研学授课时，也会对其他观众参观展览造成一定程度的影响。另一方面，纪念馆的展览不同于博物馆以实物为主的展陈方式，纪念馆因其纪念性专题博物馆的特殊属性，展览通常以图文展板为主，实物、多媒体、场景、艺术展项等为辅。有的纪念馆在展陈设计之时，未充分考虑研学学生的认知特点和兴趣爱好，并未策划和编排专门针对研学学生授课需要的影视资料或互动体验内容。

（2）改进对策

在进行展览内容设计和形式设计时，纪念馆可基于展厅研学授课的实际需要，精心选择并设计适用于青少年学生研学和现场教学的展品或图文展板，这些展品或图文展板往往蕴含丰富的内涵或故事情节，适宜于作为展厅研学授课或现场教学的课程内容。同时，还要考虑研学课程展品设置的均衡分布，便于展厅研学授课的开展。授课点与授课点之间不宜间隔过近，以免同步授课时互相干扰；也不宜相距太远，距离太远容易产生跳脱感。研学授课点所依托的展品位置确认以后，在展陈空间设计时还要考虑的一个重要方面就是要留足进行展厅研学授课的空间。研学授课点所在的区域就是展览将来的研学授课区域，在进行研学授课时势必会有很多学生停留，因此，要留足展厅研学授课的空间，既要满足大量研学学生在授课区域长时间停留的需要，也要满足其他观众从研学授课区域通行的需要。

青少年学生活泼好动，思维活跃，他们喜欢观看高科技展项和动手参与体验互动式项目。纪念馆在进行展览设计或展览改造的时候，在经费和条件允许的情况下，可针对青少年的认知水平和兴趣爱好，结合当前博物馆、纪念馆陈展领域最新的3D、VR、AR等技术手段，精心编排和设计一些沉浸式的观影项目和可供操作的互动体验项目。这些项目往往能受到学生的欢迎。

七、宣教短视频开发

随着传媒领域技术手段的不断发展，新媒体传播正深刻地影响着当代人的信息获取方式。在这种大背景下，纪念馆的宣传教育方式也顺应时代发展的需要，不再停留于原有的被动等待观众进馆参观的宣教模式，而是主动利用当下流行的新媒体传播方式，依托纪念馆独有的资源优势，策划拍摄并制作宣教短视频，利用新媒体平台进行传播，从而扩大纪念馆的影响力，充分发挥纪念馆的社会教育职能。

（一）宣教短视频的特点

1. 传播速度快

宣教短视频利用哔哩哔哩、抖音、快手等当前流行的新媒体平台，能快速进行传播，让广大观众在第一时间内同步观看到纪念馆推出的宣教短视频，轻松获取纪念馆提供的各类历史文化信息。

2. 传播范围广

宣教短视频不是依托传统的电视、广播、书刊等传播媒介，而是依托互联网进行传播。因互联网覆盖范围极其广泛，网民数量极为庞大，从理论上说，短视频的传播范围能触及互联网覆盖的广大区域。也就是说，观众只要在能连接到互联网的地方，就能观看到宣教短视频。因此，宣教短视频的传播范围极为广泛。

3. 关注度高

宣教短视频以图像为主，文字解读为辅，配以字幕，能充分调动观众的视觉和听觉感官。这种视听结合、图文并茂的宣教方式，对于不同年龄层次、知识水平、职业背景的受众而言，均可接受并从中受益。观众只需动动手指即可获取宣教短视频，便捷程度高，因而能获得大量观众的观看和关注。

（二）宣教短视频拍摄流程

1. 前期策划

拍摄宣教短视频之前，宣教部门应确定拍摄的主题。通常来说，基于成本的考量，拍摄的宣教短视频以拍摄多集或一系列短视频为宜。因此，拍摄视频前，要对拍摄的主题进行拟定。每集短视频的内容可以各具特色，但需要与该短视频系列的主题紧密相关。主题确定以后，宣教部门即可成立视频策划小组，由小组成员负责拍摄方案的策划和短视频内容的选定。例如，基于展览进行的视频开发，可初步列出每集短视频需要撰写的大致内容和写作思路，以及该集短视频所依托的展厅拍摄载体。拍摄载体包括但不限于展厅内陈展的展板、文物、图片、艺术品、场景和展厅外的旧址、遗址等。拍摄方案拟出后，交由宣教部门负责人审核并提出修改意见，后交由馆领导审核并提出修改意见，使拍摄方案不断臻于完善。

2. 文本写作

拍摄方案经领导审定后，即可进入宣教短视频文本的写作阶段。文博行业从业者常说："内容为王。"要想短视频取得好的宣传教育效果，内容是最重要的因素之一。可以说，短视频的内容很大程度上决定着该短视频是否能吸引观众观看与关注。如果拍摄方案中包含多个短视频主题，可成立多人组成的小组，每个主题安排数名组员，设置组长 1 人，组长负责整个短视频主题的撰写进度把控和沟通、统稿等事宜，确保短视频文本的撰写能按计划完成。撰写文本时，撰写人员需要紧紧围绕拍摄的主题进行撰写。通常来说，短视频要让受众产生兴趣，易于接受，可考虑以故事的形式进行编排。整体叙事线索可以采用依历史时序展开、从当下回到历史或以历史启示当下的叙事手法。同时，在写作的过程中，应注意史实的精准、语言表述的生动性以及受众对象的接受能力等因素。例如，如果受众对象是青少年，可采用轻松活泼的语言，结合当下流行的词汇，内容不宜过深，让青少年易于理解，以讲故事的形式进行文本的编写。由于文本的撰写是整个短视频拍摄的基础环节，关系到后续各项工作的顺利推进，有必要在文本初步拟定后，由馆内相关专家对文本涉及的史实的准确性、文字表述的规范性等进行审定，提出修改意见并返回撰写人员。有必要时，可组织研讨，由专家对撰写人员进行详细指导，以提升文本的质量。待专家认可后，撰写文本方可定稿。

3. **拍摄脚本制作**

通常来说，有条件的纪念馆可由本馆专业摄像团队负责相关拍摄工作。但由于拍摄涉及专业的设备和专业的技术人员等，大多数情况下，纪念馆会邀请有相关资质的拍摄团队负责视频的拍摄工作。拍摄团队在收到拍摄文本定稿后，会根据拍摄文本制作拍摄脚本，即根据文本内容选定拍摄的形式、拍摄的场地、拍摄的道具等，也就是将拍摄文本转化为具体的拍摄步骤和拍摄形式。拍摄脚本拟出后，文本撰写人员应及时与拍摄脚本制作人员进行沟通，针对拍摄脚本的具体内容和呈现形式设计等进行深度磨合，针对拍摄细节进行商讨，最终形成较为完善的拍摄脚本。如有必要，拍摄脚本定稿也须报请上级领导审阅并提出修改意见，直至拍摄脚本定稿。

4. 正式拍摄

拍摄脚本定稿后，需确定拍摄短视频的主讲人员。拍摄过程中，可能还需要其他配合主讲人员讲述的相关人员，均需事先协调安排到位。人员安排到位后，需尽快将拍摄脚本发给主讲人员和其他相关人员熟悉，尤其是主讲人员需要提前背诵熟记的内容，需及时发放，为主讲人员留出足够的时间。摄制组需要指定人员，做好拍摄的统筹和协调工作。拍摄场地也需要提前对接安排，选择合适时间进行拍摄。正式拍摄时，主讲人员和相关人员需要提前抵达拍摄区域，做好化妆、服装整理、无线话筒佩戴等相关工作。纪念馆的短视频拍摄通常选在展厅、旧址、室外等场地进行，因此，主讲人员在拍摄之前可在拍摄场地预演，与摄制组协商设计并确定讲述时的站姿站位、行进路线、姿势手势、是否使用道具等细节。在主讲人员及相关人员进行演练并熟悉拍摄流程后，方可进入正式拍摄环节。正式拍摄时，主讲人员和相关人员须听从摄制组的统一安排，全力配合拍摄人员完成短视频的拍摄工作。

5. 短视频编辑

短视频拍摄完成后，摄制组会对拍摄的内容进行加工与编辑，将这些拍摄素材整合成短视频的样态。在编辑加工的过程中，摄制组如果需要主讲人员配合完成相关工作，主讲人员应全力配合摄制组的工作，精益求精，力争出精品，将短视频以最佳的状态呈现在观众面前。

6. 短视频审核

摄制组制作完成短视频初稿后，便可进入视频发布前的审核环节。审核一般由纪念馆领导组织相关业务人员共同完成，主要是对短视频中的内容、语言表达、画面的选择等细节内容进行审核，尤其是对史实的准确性进行把关。拍摄文本撰写人员和主讲人员需听取与会人员的意见和建议，对视频进行完善和修改。短视频的编辑加工人员需及时做好记录，对与会人员提出的意见和建议进行充分消化吸收，需改动的环节进行改动，需重新拍摄的环节进行重新拍摄。如果涉及重新拍摄，拍摄文本撰写人员、主讲人员和其他相关人员也要服从大局，本着对工作负责的态度和精益求精的理念，对领导提出的意见认真消化吸收，修改稿件内容，重新完成拍摄工作。待重新拍摄完成，经摄制组完成编辑加工并制作成短视频后，再交由领导重新审定，直至审核通过。

7. 短视频发布

短视频经由领导审定后，即可选择合适的时机对外发布。短视频对外发布可考虑的渠道很多，比如，纪念馆自己运营的官方网站、微信公众号、视频号等，也可以考虑影响力更大的专业视频传播平台，如抖音、哔哩哔哩、快手等。如果摄制的是由多集构成的系列短视频，则可以采用类似连续剧的播放形式进行不间断上线播放，从而吸引受众的持续关注。在短视频推出前，在经费允许的情况下，可以采用提前发布公告、截取短视频精华片段等方式对短视频进行宣传推介，吸引受众对短视频的关注，激起受众观看短视频的兴趣，最终达到以短视频为载体传播文化和信息的效果。在宣传推广内容的拟定过程中，要紧扣短视频的内容和主题，巧妙设置兴趣点，把短视频的精华通过恰当的方式展示出来，从而有效吸引受众的关注。同时，宣传推广的内容和方式需要经过领导审定认可后才能对外发布。视频发布后，要及时留意受众的反响。短视频的观看人数、留言评价、转发次数等都是评价该短视频最终效用的有效依据，不仅可以作为对本次短视频成功与否的总体评判，也为下一次短视频宣教的开展提供了宝贵经验。不论观众的评论是肯定抑或否定，都应予以收集和分析，以此作为改进工作、总结经验的重要依据。

第七章
纪念馆讲解员职业素养提升路径

当今时代，教育已经成为博物馆的首要目的，纪念馆作为纪念类专题博物馆，自然也不例外。每家纪念馆的陈列展览、旧址资源是相对固定和有限的，但通过纪念馆宣教人员的智慧与劳动，可将展览资源、旧址资源转化为观众广为接受的社会教育资源。同时，为了更好地满足观众学习历史文化的需要，纪念馆的社会教育方式也在不断拓展和延伸，讲解直播、宣教短视频开发、展厅研学授课等各种新兴的社会教育方式不断出现。纪念馆社会教育工作重要性的日益凸显和社会教育业务的不断拓展，对纪念馆讲解员的职业素养提出了更高的要求。作为新时代的纪念馆讲解员，只有不断提升自身的职业素养，才能胜任纪念馆的社会教育工作，才能在竞争激烈的职场上行稳致远。基于作者多年从事社会教育工作的经历，本章总结归纳纪念馆讲解员提升职业素养的路径与方法，供纪念馆讲解员参考。

一、纪念馆讲解员的职业素养

讲解员的职业素养可分为两大方面。一方面是"外在的"素养，另一方面是"内在的"素养。"外在的"素养和"内在的"素养相互依存，相得益彰。讲解员要做好讲解工作，要注意"外在的"素养和"内在的"素养的同步提升，两者不可偏废。

"外在的"素养包括讲解员对吐字归音、语音语调、走姿站姿、手势指板、仪容仪表、行为举止等方面的把握。具体地说，讲解员"外在的"素养又可以划分为语言表达方面和非语言表达方面的素养。在语言表达方面，讲解员首先要说规范的普通话。观众来自五湖四海，只有通过使用规范的普通话，才能让来自四面八方的观众都能精准获取讲解员传递的信息和知识。在使用规范普通话的基础上，讲解员应有意识地锻炼自己对于语言表达技巧的掌控能力，即在语言表达时，结合所讲述的内容，通过使用停连、声音的抑扬顿挫和轻重缓急等技巧来增强语言的感染力。例如，讲解员讲述轻松欢快的内容时语调可以上扬，语速可以加快，让话语中带着几分"喜悦"；讲述悲伤严肃的内容时语调可以低沉，语速可以放慢，让话语中带着几分"肃穆"。非语言表达方面的素养主要是讲解员的手势、指板、走姿、站姿、站位等，观众从视觉上就能直接感知讲解员这方面的素养。讲解员在日常的讲解实践中，应养成好的习惯，谨记自己出现在观众面前时，一言一行都代表着纪念馆的形象，在讲解的过程中规范使用态势语，举止端庄、大方得体，给观众留下良好的第一印象。只有平时心中绷着一根弦，才能养成好习惯，始终高标准规范自己的外在表现和行为习惯，保质保量完成每一次讲解接待任务。作为讲解员，可以没有年轻漂亮的外表，但不能没有规范的着装和端庄的举止。讲解员的举手投足，仪容仪表，都直接反映着讲解员的内在气质和修养。

"内在的"素养主要是指讲解员所具备的专业知识和其他相关知识。在专业知识方面，讲解员需要对所在纪念馆纪念对象的历史、展览的细节有比较详尽的掌握，这是做好讲解工作的必然要求。随着时代的发展，观众的知识水平也在大幅度提升。如果讲解员还停留在"背讲解词"的层面，显然已经不能满足当下观众的个性化求知需求。很多观众已经不再停留于"是什么"的层面，而是会提出"为什么"。如果讲解员掌握的只有死记硬背的讲解词，在应对观众提出的"为什么"面前就可能会"无言以对"。讲解员只有掌握纪念馆纪念对象的历史并熟悉展览的策展思路、宏观脉络、重点亮点、展品背后的故事、照片背后的故事等，才能在观众提出的"为什么"面前从容以对。在深度掌握了纪念馆所纪念对象的历史文化知识和展览的细节信息以后，讲解员还需注意学习其他与业务相关的知识，不断拓展自身的知识体系。讲解员不能仅仅停留于对纪念馆所纪念对象的历史和展览内容的学习，还应充分学习与讲解工作相关的其他方面的知识。学习这些与业务相关的知识能扩充讲解员的知识面，扩大讲解员的视野，从而让讲解员的解说更有深度和广度。因此，讲解员要提升自身的职业素养，除了在日常的工作中注重不断思考、不断积累和向观众学习外，还得依靠不断学习相关知识。可以说，持续学习、深化学习对于讲解员来说，始终是一门"必修课"。

二、从认识方面提升职业素养

要做好一项工作，首先要对这项工作的性质和特点有一定程度的认识，把握这项工作的内在规律，讲解工作也不例外。要做好讲解工作，提升讲解职业素养，纪念馆讲解员需要充分认识讲解工作及这项工作对讲解员的内在要求。

（一）充分认识讲解工作的重要性

众所周知，讲解是纪念馆发挥社会教育功能的常用方式之一，其重要性不言自明。纪念馆的陈列展览从最初的展览策划到最终面向观众，经历了一个不断打磨、修改、审核、成型的过程。打造一个展览就像创作一件艺术品，需要展览团队的各方面人员不断雕琢，付出艰辛的努力，才能终成精品。因此，一个展览就是一套微缩的知识体系、一座文化和信息的微型宝库。然而，对于不少观众而言，如果不熟悉纪念馆展览的陈列语言，他们在自行参观展览时，面对展览中的各种文字、图片、实物、展板，很容易产生茫然之感，也较难在短暂的参观时间里获取大量知识和信息。这时，讲解员发挥着重要的导引作用，讲解员的讲解在展览与观众之间架起一座信息传播的桥梁。讲解员基于自身对纪念馆纪念对象的了解和对展览的深刻认识，将展品背后蕴含的丰富历史文化转化为观众易于理解的话语，用一条主线把展览的文字、图片、实物等串联起来，从而让观众在短暂的参观时间内获取大量关于展览的信息和知识，把握展览意欲传达的思想和主题，最终实现与展览的共鸣。讲解工作的重要意义正在于此。如果说展览是一本教科书，那么，要在较短的时间内读懂这本书，是离不开讲解员的解说的。讲解采用视听结合的方式，充分调动观众的视觉与听觉，是观众参观纪念馆展览时最为便捷、高效的学习方式之一。讲解员要充分认识讲解工作的重要意义，认识自身肩负的历史文化传播的光荣使命，增强对从事讲解工作的自信心和自豪感。

（二）树立"以人为本"的理念，真诚服务观众

当今时代，"以人为本"已成为博物馆、纪念馆领域的重要服务理念之一。"以人为本"的服务理念充分尊重观众在博物馆自主学习的权益，重视观众的兴趣和学习的感受，引导、帮助观众完成在博物馆的学习活动，充分保障人民基本文化权益。① 讲解员要牢记自己从事的讲解工作是一项服务工作。践行"以人为本"的理念，要求纪念馆讲解员用真诚和热忱的态度对待每一位观众，做到时时处处替观众着想，能为观众"换位思考"，并以观众聆听讲解后获得了满足而感到满足。一个讲解员在面对观众时是热忱欢迎，还是闪躲回避；是尽心尽力为观众讲解，还是为了完成任务应付了事，都可通过其话语、态度、表情等投射出来，并被观众感知到。因此，讲解员真诚面对观众的态度和为做好讲解工作而付出的努力，是能够被观众感知到的，有时甚至还能让观众感动，给观众留下深刻的印象。讲解员只有真正热爱观众，用心对待观众，才能真正心甘情愿地为观众提供优质的讲解服务，才能真正热爱自己所从事的社会教育事业。

---

① 程丽臻，钱红. 博物馆讲解工作研究 [M]. 武汉：湖北人民出版社，2014：36.

（三）树立团队协作精神

讲解员通常是独立完成纪念馆社会教育的各项工作任务。例如，阵地讲解、讲解直播、研学授课等都是由讲解员独自完成的宣教任务。但讲解员需意识到，个人完成的宣教任务只是纪念馆社会教育整体工作的一个环节，社会教育整体目标的达成正是依靠一项项单独任务的完成而得以实现。因此，讲解员在工作时不能仅仅局限于个人任务的完成，还要考虑纪念馆整体社会教育目标的达成。此外，尽管讲解员在平时的工作中主要是独立完成各自的工作，但有些业务工作也需要依靠团队协作的力量才能圆满完成。例如，展演节目通常需要多名讲解员通力配合才能呈现出最佳的展示效果；策划社会教育活动也需要多名讲解员集思广益方能把教育活动方案策划得更加完备。因此，讲解员要在工作中积极培养团队协作精神，在完成个人独立完成的业务时，尽自己的力量把业务完成好；当参与集体共同完成的业务时，正确看待自己在团队中的作用，处理好自己与团队中其他队友的关系，充分发挥集体的智慧，齐心协力，努力实现团队共同确定的社会教育目标。

三、从实践方面提升职业素养

常言道，实践出真知。讲解员要提升职业素养，除了充分认识讲解工作的重要意义，找准自身的职业定位以外，重要的一条就是在日复一日的讲解实践中不断总结经验，提高本领。这种实践是一种有意识的实践，不是为了完成工作任务而实践，而是带着一定目的的实践。这种目的，就是锻炼自己的讲解能力，提升自己的讲解水平和综合素养，朝着"专家型讲解员"的方向发展。

（一）积极参与展览策划与制作

通常来说，一个展览从开始策划到最终与观众见面，宣教部门的工作主要集中在后期，即在展览开幕前，讲解员开始着手讲解词的整理、熟记和讲解考核；展览正式开幕后，讲解员面向观众提供讲解服务。在展览的内容方案策划和形式设计阶段、内容与形式磨合等阶段，纪念馆会组织内容策划组、设计组、文物组、宣教组等召开会议，议定许多与展览推进相关的事项。如果有机会，讲解员最好能积极参加此类会议，这将让讲解员对展览的形成过程、呈现效果、信息团的内在逻辑等有较为清晰的了解，有利于讲解员迅速掌握展览的讲解词、厘清展览的主线，从而让讲解更加深刻、透彻。

（二）迅速拉近观众距离

讲解员的工作对象主要是观众，然而讲解员与观众之间通常互为陌生人，因讲解活动而产生了相互交流的事实。那么，成功讲解的第一步就是要在讲解接待开始后迅速拉近讲解员与观众的距离，让观众对讲解员产生信赖感。这就要求讲解员具备亲和力，面对观众时面带微笑，说话和气，举止得体，给观众留下良好的第一印象。在为观众讲解时，讲解员可以适当与观众进行互动和探讨，或者为观众"设计"一些互动小问题，如此将有利于消除观众的防备心理，迅速拉近自己与观众之间的距离。试想，如果讲解员在面对观众时，摆出的是一种居高临下的态度，对于观众的提问不理不睬，如此能拉近观众的距离吗？很显然不能，这只会让观众与讲解员保持距离，甚至对纪念馆也不会留下良好的印象。因此，对于观众的提问，讲解员要给予细致和诚恳的解答，和观众保持良好的互动，让观众在听讲解的过程中始终保持愉悦的心情，在良好的学习氛围中度过参观的时光，从而对在纪念馆的学习留下美好的记忆。

（三）注重仪容仪表

讲解员出现在公众面前，不仅代表自己的形象，也代表着纪念馆的形象，甚至代表着一个地区的形象。讲解员得体的着装，洁净的仪容，能使观众对讲解员产生良好的第一印象，也能使观众获得被尊重的感觉，让观众对讲解员产生信赖之感，迅速拉近讲解员与观众之间的距离；同时，也可以使讲解员的信心倍增，以良好的精神面貌出现在观众面前，满怀自信地为观众提供讲解服务，实现自身作为职场人的价值。因此，整洁得体的着装和朴素大方的仪表是讲解员给观众留下的"第一印象"，也是讲解员取得满意讲解效果的第一步，切忌疏忽大意。这看似是一件小事，实则折射出讲解员乃至纪念馆宣教部门对待工作的态度。因此，讲解员作为纪念馆形象的"代言人"，要在工作中养成规范着装的好习惯。

（四）使用礼貌用语

为观众提供良好的陶冶情操、学习知识的教育和服务平台是社会对博物馆、纪念馆的期待。身处教育和服务一线的讲解员在与观众打交道、向观众提供讲解服务的过程中，应注意礼貌用语的使用。例如，讲解员在与观众沟通交流时，"请"字当头，"您好"二字常挂嘴边，不明白对方的话语时，先说"不好意思"，再说明原因，等等。这些礼貌用语看似微不足道，实则十分重要。因为这些礼貌用语代表着讲解员对观众热情、真诚的"东道主"态度，使观众来到纪念馆后产生"宾至如归"的感受，对纪念馆产生良好的"第一印象"，更加激发了观众参观陈列展览的兴趣。礼貌用语有时甚至可以避免或化解一场可能发生的争论。因此，讲解员不能忽视礼貌用语的使用，不能认为礼貌用语可有可无，而是要在平常的工作和生活中养成使用礼貌用语的习惯。正所谓"习惯成自然"，当讲解员使用礼貌用语的好习惯养成后，在面对观众时便会很自然地使用礼貌用语。

此外，讲解开始前的欢迎用语和讲解结束时的道别用语也属于礼貌用语，讲解员要按规范使用。例如，讲解员在最开始接触一批观众的时候，首先应礼貌地对观众的到来表示欢迎，并介绍自己的讲解员身份，告知观众自己将为大家提供讲解服务，必要时还可以向观众简要介绍纪念馆的基本情况和参观流程。一场成功的讲解，规范且礼貌地使用欢迎用语非常重要，不仅可以快速拉近讲解员与观众之间的距离，而且可以让观众感受到他们是被尊重的。观众到一家纪念馆参观，既对即将开始的参观怀着好奇惊喜的心情，也难免会因身处陌生环境而产生茫然之感。观众抵达纪念馆，讲解员出现在观众面前，谦恭有礼地为观众进行介绍，能让观众迅速产生亲切感和舒适感，从而为顺利开展接下来的讲解工作打好了基础。

一场成功的讲解要有始有终。当讲解员讲完一场讲解后，可能身体已经比较疲劳，嗓音也亟待调适，但在讲解结束前，讲解员务必明确告知观众讲解已经结束，并对观众的聆听表示感谢，欢迎观众下次再到纪念馆参观。讲解结束时，对观众聆听讲解表达谢意，并目送观众离开展厅。这些细节能让观众感受到、体察到，让观众感受到温暖。讲解员的礼貌用语和规范的服务流程不仅能让观众对讲解员的优质服务产生积极的评价，进而会让观众对这家纪念馆产生正面的评价。观众的口碑就是无形的"广告"，良好的声誉将吸引更多的观众慕名而来，最终将有利于纪念馆社会效益和影响力的提升。

（五）提升综合提炼讲解内容的能力

讲解员要特别注意提升综合提炼讲解内容的能力。有些讲解员记忆能力强，背诵讲解词速度快，在讲解时能很熟练地把记忆的内容复述出来，但一旦遇到观众赶时间或有参观时间限制时，就有些"力不从心"，这说明其综合提炼讲解内容的能力仍有欠缺。讲解员一定要注意培养自己综合提炼的能力，把一段历史用简短又准确的话语进行凝练概括，做到讲述一段历史或一个重点事件时，既可以讲述其中的细节，也可以用简短的话语进行概述。这种技能对于讲述纪念馆的展览非常重要。这就要求讲解员首先要十分熟悉纪念馆所纪念对象的历史和展览的具体内容，平时要认真阅读、浏览相关业务书籍；其次要提高综合提炼语言文字的水平，锻炼化繁为简的语言表达能力。只有这两方面兼顾，才能在讲解时根据受众的需要和实际情况对展览内容进行详细解读或提炼概括，做到成竹在胸，游刃有余。

（六）践行"因人施讲"的理念

讲解员在讲解实践中，面对的观众来自五湖四海，观众的文化程度、职业背景、知识水平、年龄层次等均有所不同。这要求讲解员针对不同的观众群体进行有针对性的讲解，方能使不同的观众有效获取知识和信息。此外，随着时代的发展，人们在参观纪念馆时不再停留于走马观花，而是对参观纪念馆展览有了更高的期待。一些观众会提前了解纪念馆的展陈内容，并带着问题前往纪念馆寻找答案，这也在无形中对讲解员的知识储备和职业素养提出了更高的要求。讲解员如果只是停留于照本宣科，是很难满足观众需求的。因此，掌握"因人施讲"成为讲解员职业发展的内在要求。然而，因人施讲的道理易懂，要熟练掌握并非一日之功，它要求讲解员具备较好的知识储备、应变能力和经验积累等。要真正掌握"因人施讲"，讲解员首先要加强对纪念馆纪念对象历史的学习和研究；同时，在日常讲解实践中努力践行"因人施讲"。"因人施讲"要经历一个从不熟练到基本掌握再到熟练自如的过程。只有在日复一日的讲解实践中不断实践并总结经验，方能实现由量的积累到质的飞跃，成功驾驭"因人施讲"这一较高层次的讲解技能。届时，无论面对什么观众，都能根据观众的个性化需求和实际情况，为观众提供令人印象深刻的讲解服务，充分实现作为一名讲解员的职业价值。

（七）扩充知识储备

众所周知，讲解工作是讲解员基于对纪念馆纪念对象历史的了解和对展览内容的详细掌握，通过口头语言将相关知识与信息形象生动地传递给观众的工作。因此，讲解工作的核心是讲解员知识与信息的"输出"。然而，要成功地进行知识与信息的"输出"，一个重要的前提条件就是讲解员必须具备足够的知识。也就是说，讲解员首先要有足够的知识与信息"输入"。因此，讲解工作的内在属性要求讲解员持续学习，拓展自身的知识储备。那种认为只要背熟讲解词就可以胜任讲解工作的观点是片面的。随着经济的发展，国民的文化知识水平在不断地提升。越来越多的观众不再停留于"你讲我听"的固有模式，而是会在听讲解的过程中随机提出与展览相关的各种问题。这对于讲解员而言，着实是一个考验。这也是不少讲解员在讲解时最"担心"的事。那么，如何做到在为观众讲解时"百问不倒"？如何在面对观众的提问时泰然自若？只有依靠平时不断地学习与"充电"。况且，当今时代职场竞争激烈，"终身学习"已经成为保持自身竞争力的重要手段之一。讲解员要胜任讲解工作，在职场上立于不败之地，就要不断加强学习，拓展自身的知识储备。讲解员知识的"输入"除了靠平时在工作中勤于思考和总结外，就要靠日常的学习积累。讲解员要广泛阅读关于纪念馆纪念对象的书籍，因为这方面的知识决定着讲解的深度和广度，是讲解输出时的"原始素材"。其中，人物类纪念馆的讲解员要深入学习纪念馆所纪念杰出人物的生平和思想，事件类纪念馆的讲解员要深入挖掘纪念馆所纪念历史事件的启示和意义。同时，讲解员的知识结构应是综合型的，要尽可能多地掌握广博的知识。例如，讲解员除了要熟练掌握纪念馆纪念对象的知识外，还要广泛阅读中国历史、中国近现代史、中共党史、博物馆学、教育学、心理学、观众研究、人文、地理等方面的书籍。只有具备精深的专业知识和丰富的知识储备，才能在纪念馆社会教育的广阔天空中驾轻就熟，自由驰骋。

（八）多听多学，取长补短

讲解员要不时听听其他讲解员的讲解，尤其是听其他讲解员讲解同一个展览。对于同一个展览，如果不是背诵讲解词，每位讲解员讲解同一个展览时，讲解效果会不尽相同。因为每个讲解员都有自己的讲解风格、自己讲述的侧重点、自己对于展览的理解等，呈现出来的讲解效果自然也不尽相同。正如教师听其他教师讲课可以学到其他教师好的教学方法，讲解员也应多听其他讲解员的讲解，取长补短，找出其他讲解员的长处与自身的不足之处，这对于完善自身讲解具有事半功倍的效果。因为讲解员往往难以看到自己的不足之处，通过听别人的讲解，便有了对比，就可以扬长避短，其他讲解员的长处就可以成为自己努力改进的方向。

（九）开展观众调查，收集观众反馈意见

许多观众到纪念馆参观，都希望在参观结束后通过某种渠道表达自己对于此次参观的感受。他们之中有的表达对纪念馆纪念对象的缅怀，有的是表达对祖国历史文化的热爱，有的则是表达自己参观后学到知识的收获感和满足感，还有些观众是对纪念馆的服务提出改进的意见和建议，等等。纪念馆为观众设置表达自身参观感受的平台或渠道，积极搜集观众的反馈，是一件一举两得的事。它不仅体现了纪念馆"以人为本"的服务理念，而且可以获取观众对纪念馆展览和服务的反馈。这种反馈对于纪念馆正确评估自己的展览和服务、改进自己的展览和服务非常重要，纪念馆所制作的展览也只有面向观众、经过观众的检验，才能真正实现其价值、发挥其作用。

具体地说，讲解员可在讲解结束后，邀请观众在留言台或电子平台上留言，留下关于参观和听讲解的感受。纪念馆也可以设

计问卷调查表，请观众填写。问卷调查表的设计要难度适中，题目的数量不宜过多，以选择题为主。观众的留言和反馈，有些是对展览和服务的肯定，有些则是改进展览和服务的建议。对于肯定评价，纪念馆应理性看待，不骄不躁；对于改进建议，纪念馆要认真梳理，对有建设性的建议要及时吸收落实。在搜集了一定数量的观众留言或回收了问卷调查资料后，纪念馆还可以针对观众的反馈进行梳理和研究，以便于纪念馆不断改进各方面的服务，提升观众的参观体验。观众的参观反馈是纪念馆了解观众对于展览的反应和态度、了解观众对于纪念馆提供的各项服务的感受的重要参考依据。搜集观众的参观反馈对于纪念馆持续改进服务和完善功能具有重要的意义。

第八章
关于陈列展览与社会教育融合的畅想

　　陈列展览与社会教育是纪念馆两项重要的业务工作，也是纪念馆面向社会公众提供公共文化产品和服务的重要通道。虽然二者在具体的实施流程上有所不同，但都和其他业务工作一样承载着纪念馆的功能、职责和使命。随着时代的发展和人们知识文化水平的不断提高，人们对纪念馆的认识越来越深刻，对纪念馆各方面工作和服务的期待和要求也越来越高。由此，陈列展览与社会教育的融合发展是值得博物馆、纪念馆、文博从业者重点关注并且为之努力探索的课题。

　　为什么陈列展览与社会教育要融合发展？首先，展教融合是适应国家和社会发展的客观需要。进入 21 世纪，国家对纪念馆的功能和影响越来越重视，发布了关于纪念馆免费开放、革命文物保护利用等方面的通知、规划、意见、导则等，突出了纪念馆在国民教育体系中的地位以及在国家精神文明建设中的作用。时至今日，纪念馆不仅是文物文献等藏品的收藏者和保护者，而且是国家文化建设的资源库，是弘扬优秀文化、开展爱国主义教育和理想信念教育、传承红色基因、坚守人类共同价值的重要平台。

推动陈列展览与社会教育的融合发展有助于充分发挥纪念馆"文化客厅""第二课堂"的作用，为促进中华文明交流互鉴、培养国家事业的建设者和接班人作出贡献。其次，展教融合是适应纪念馆自身发展的内在需要。一直以来，陈列展览与社会教育都是纪念馆重要的职责职能，是影响纪念馆功能发挥的主要因素。陈列展览与社会教育的相互融合有助于两方面工作的优势互补，形成组合效应，增强纪念馆展示和教育的效能。但在过去，不少纪念馆或多或少存在过"有展无教""展教分离""重展轻教""以展代教"等现象，导致陈列展览与社会教育无法产生组合效能，限制了纪念馆功能的充分发挥。经过多年的努力，目前大部分纪念馆已经改善这些状况，越来越重视陈列展览与社会教育的融合发展，并且不断拓展、探索展教融合的广度、深度，开展了大量的展教融合实践。展教融合逐渐成为纪念馆提升自身文化传播力、社会影响力和核心竞争力的重要抓手。这不仅是纪念馆追求高质量发展的迫切需要，而且是新时代下纪念馆更好地担当职责与使命的内在要求。最后，展教融合是满足人们精神文化需求、增强文化自信的重要途径。在知识大爆发且日新月异的全球化时代，人们对于精神文化的需求越来越高。作为国家文化宣传和建设的阵地之一，纪念馆有责任、有义务为社会公众提供多种多样、精彩纷呈的文化产品和服务，并在提供服务和传播文化的过程中引导公众树立正确的价值观，帮助公众增强民族自信、文化自信。陈列展览与社会教育相互融合，有助于提升纪念馆展示和教育的生动性、多样性，强化纪念馆的历史文化教育功能和知识信息传播功能。一方面，有声有色的展教活动能够唤起公众观看展览和接受教育的兴趣，提升公众在纪念馆的参与感、体验感和获得感。另一方面，公众在体验展教活动的过程中也能够打开自己的视野，巩固和拓展已有的知识体系，接受精神洗礼，树立中华文化主体性意识和自信心，激发为强国建设、民族复兴伟业奋斗的热情和精神。

如何实现陈列展览与社会教育的融合发展？目前，国内博物馆以及一些高校都进行了大胆的实践，取得了一定成绩，提供了不少经验。例如，首都博物馆推出的《读城》项目①，打造了一系列符合青少年认知特点、有助于北京本土文化教育和传播的主题展览、教育活动，被不少文博从业者和研究者认为是博物馆青少年展教融合新模式的有益探索。该项目注重青少年的需求和交互式体验，吸引青少年亲身参加展览的策划、设计、布置等相关环节；同时也注重展览与教育的结合共生、并行发展，将博物馆的展览、教育与学校教育、家庭教育相结合，联合学校开发了相关课程，在展览、教育活动中融入亲情元素等，多维度地促进青少年的全面发展。上海市龙华烈士陵园（龙华烈士纪念馆），也积极探索了纪念馆"展教合一"现场党史学习教育活动模式，通过设境导学、故事讲述、多元参观等环节②，营造参观者的身临其境感，引导观众在观展和受教过程中感悟和传承红色基因。还有一些纪念馆，将学校组织的研学教育融入纪念馆的展览和教育工作范围中，分析学生的个性特点和兴趣需求，以展览内容为素材开

---

① 杨丹丹.《读城》：探索博物馆青少年展教结合的创新之道［J］．中国博物馆，2017（4）：34－38.

② 曹舒捷．纪念馆"展教合一"现场党史教育活动模式探析［J］．少先队活动，2022（Z1）：5－8.

发了一系列研学课件，并以展厅为教育空间，由讲解员进行沉浸式、体验式的讲述，让学生在边走、边听、边看、边互动的过程中感悟历史、学习知识、陶冶情操、浸润心灵。一些博物馆、纪念馆的实践，为当前陈列展览与社会教育的融合提供了一些参考和借鉴。今后，随着时代的发展，纪念馆应该更加重视展教融合的品质化、多元化、大众化、技术化、跨界化、国际化发展，服务国家发展大局，为社会公众提供更多丰富多彩的体验。

一、展教融合的品质化

对美好生活的向往是大家共同奋斗的目标。随着教育的普及和经济的发展，人们的学识学历和生活质量都普遍得到提高，对精神文化的需求也越来越高，纪念馆因而也成为人们学习知识、感悟历史、陶冶身心的重要场所。为了满足人们对美好生活的向往、对精神文明的追求，纪念馆应该努力做好直面公众的陈列展览与社会教育这两大块业务工作，推动陈列展览与社会教育高质量发展，为社会公众提供更优质的文化产品和服务。从展教的内容上讲，应该更加注重内容的精准性、生动性和启发性。所呈现的内容要有史实、有情感、有温度、有意义，要能够吸引观众的注意力，深入观众的脑海和心灵，引起他们的共鸣、共情。从展教的形式上讲，纪念馆要更加注重公众的需求和体验，努力创作出能够调动公众积极性的展示和教育相结合的形式。要努力摆脱刻板的、灌输式的展示和教育模式，让公众在亲自参与纪念馆的展览和教育相关的工作环节或活动中，获得沉浸式的体验，享受学习、欣赏、深思的成就感和获得感。从展教的人员上讲，应重视展教人员的知识素养提升和综合能力培训，打造出更加专业的展教人才队伍，为公众提供更加全面、深刻、生动的教育服务。从展教的环境上讲，要为公众营造更加舒适、更加人性化、更有文化气息的展示环境和教育场地，让公众在不知不觉中融入展教环境中，接受知识的熏陶、精神的洗礼。从展教的设备上讲，要配备和提升有关展教的设施设备，为展教活动的开展提供必要的物质基础，同时也要便于展教人员和公众使用，以真正用到实处，而不是摆设。除了提升展教融合的相关硬件设施和软件实力外，纪念馆还要注重展教项目的品牌化和标准化，及时总结经验和教训，为行业提供可复制、可推广的样板，共同推动纪念馆展教融合的发展。简单来说，展教融合的品质化，讲求的是陈列展览与社会教育的有效融合、同步提升、同步发展，从内容、形式，到人员、设备、环境等都要充分考虑公众的认知和感受，努力让展览和教育达到最佳的传播效果，让观众学有所获，不虚纪念馆之行。

二、展教融合的多元化

陈列展览本身是纪念馆传播知识信息、观众接受知识信息的载体，也是纪念馆开发社会教育课程和活动的重要基础。为了让陈列展览和社会教育承载的知识信息准确而充分地传达给观众，纪念馆应从多个方面推进陈列展览和社会教育的融合。一是展览内容与教育内容的充分融合。每一个展览犹如一部丰富而生动的图书。展览的每一个单元、每一个部分、每一个小组的标题就犹如图书的目录一样，分章节地体现着某些小主题。这些小主题既是展示的主题，也是教育的主题。虽然，纪念馆讲解员在平常讲述展览的过程中，就自然而然地对展览内容与教育内容进行了融合，但是其融合的程度和范围有深与浅、宽与窄之分。事实上，纪念馆在开发展览的教育课程时，还可以紧扣单元、部分、组的主题，打造一系列课程。同时，也可以结合展览重点展示的文物、资料、场景等开发一系列课程。每一件重要的文物、每一份重要的文献资料背后都蕴藏着深刻的故事，而且实物性展品通常也给人以直观形象的现场感。纪念馆围绕这些文物、文献进行故事讲述，更能让观众获得欣赏、深思等体验。通常，纪念馆展厅内都会设置一些沉浸式场景。如果能够结合场景配备一些简练生动的小故事、小视频，也能够让观众获得较好的学习效果。这些课程、故事、视频成果等就如同串联的珍珠一样，是展览教育课程体系不可缺少的部分。二是展览场地与教育场地的充分融合。从名义上讲，展览本来就是一个大教育空间。但实际上，有的纪念馆由于展品过多、展览空间和展线规划不合理等原因，导致观众观展的物理空间过小、过窄，影响了展览本身作为大教育空间的功能和效果。为了充分发挥展览的教育作用，未来纪念馆的展厅应该是展示空间和教育空间相结合的大场域，在展厅空间内预留了教育空间、观众互动空间和自主学习空间等。在这里，观众可以自由观展和参加教育活动，能够全程沉浸在整个展览的教育氛围中。纪念馆也不必再到另外的地方开辟教育空间，依靠展厅即可进行深度教育，从物理上彻底摆脱展教分离。三是展览人员与教育人员的充分融合。目前，有不少纪念馆让展览人员和教育人员相互参加对方的工作，并且受到了双方的欢迎。一般来说，展览人员对展览策划的过程、展览的结构逻辑、展览所用的文物资料等较为熟悉，因而由其进行展览的介绍或者讲授一些有关展览的课程，有利于观众对展览全貌进行理解，进一步拉近观众与展览的距离，同时也给人耳目一新的感觉。而教育人员是纪念馆展览内容的讲述者和输出者。他们经常在一线与各类观众打交道，对于观众的需求和特点比较熟悉，能够近距离观察到观众在参观展览过程中的真实反应。所以，教育人员参加展览的策划实施，一方面有助于教育人员充分把握展览的全过程和各项内容，准确地把展览所蕴含的知识信息传递给观众；另一方面也有利于展览在设计之初就关注观众的需求，融入便于观众接受和理解的表现手法。展览人员和教育人员相互融合的过程，实际上也是一种相互转换角色的过程。二者紧密配合，相得益彰，能够让纪念馆的展教融合发挥更大的效用。

三、展教融合的大众化

纪念馆一切工作的最终目的是服务国家大局、服务社会发展、服务人民大众需要。它不是生产企业，不能给人们带来丰厚的物质产品，但是它以立德树人、培根铸魂、资政育人为己任，能够时刻为人们提供精神产品，为强国建设、民族复兴积蓄精神力量。陈列展览与社会教育是纪念馆担当使命、实现功能、面向公众提供精神产品的最直接和最普遍的方式。而陈列展览与社会教育中所要表达的内容能否有效传递给公众，还需要经过可视化和便捷化的途径予以阐释和表达。简单说，纪念馆所要表达的一切要能够为观众所充分接受和理解，需要其在阐释和表达的内容和形式上实现大众化。比如，在策划陈列展览时，策展方要考虑公众的认知水平，尽量运用便于公众理解的陈列语言，以视觉化、生动性、体验感吸引观众，从而让展览传达的内容更全面、更真实、更形象、更立体。在参观纪念馆的实践中，有些观众其实对纪念馆展览所展示的一些文物和艺术品并不熟悉，更不知道这些展品所要表达的内容以及其背后所要传递的精神和价值。面对这种情况，从策展方的角度来讲，其对文物和艺术品的阐释方式不能仅限于几句简单的说明文字，应该适当地还原文物和艺术品的情境。假如这是一件非常重要的文物，那么可以通过图示、视频、场景营造等方式还原当年文物所处的故事情境。假如这是一幅画作，那么，展示时不仅要介绍画作的主题、作者、创作背景，在有条件的情况下，还应该辅助还原作品的欣赏语境，包括展示画画用的材料、创作的过程以及作者对于画作的思考和想法等，从而通过感受作者的心声和想法来引领观众理解画作的主题思想、故事情境。在开发展览相关的教育课程和活动时，也应该采用便于观众理解的话语和形式。尤其是在讲课时，教育人员要善于把学术性、专业性强的语言转化为通俗易懂的平实语言。必要时，还可借用公众日常生活中的事物举例子、打比方，引导公众以身边熟悉事物的视角来观看纪念馆中陌生的事物，以此联想、联通。这样的解读方式，能够让公众对纪念馆所传达的内容更有亲切感，也更容易留下深刻的印象，从而拉近公众与纪念馆的距离。纪念馆展览和教育的大众化，除了在表达上要实现大众化外，还应实现人员参与的大众化。在筹办展览和开发教育课程时，纪念馆应该主动吸引社会公众参与进来。过去，在传达知识信息的过程中，纪念馆占主导地位，决定着信息的输出，而观众是被动的信息接收者。随着认识的深化，纪念馆越来越重视公众的感受和意见，改变了公众被动接收信息的角色。事实上，相比于单纯地由纪念馆对社会公众进行知识传授，让公众以参与者、创造者的角色在展览和教育工作中获得知识信息，更有利于达到展教融合的目的。展教融合的目的之一，就是要让公众能够充分理解展览与教育所传递的信息，获得知识上、情感上、精神上的启迪和满足。在参与展览和教育工作的过程中，公众既是被教育者，也是教育者；既是展览和教育成果的受益者，也是成果的创造者、评判者。通过亲身经历纪念馆展览和教育的相关工作过程，公众对纪念馆人、事、物的感受和认知将更加全面深刻，并且能从相关工作中唤起思考、获得鼓励，在思想和行为上与纪念馆实现共鸣。只有公众能够充分理解纪念馆，并且愿意支持和参与纪念馆的展览和教育工作，纪念馆才能够真正实现展教融合的大众化。

四、展教融合的技术化

当今世界，科学技术飞速发展、日新月异，深刻地影响着人们的生产和生活。纪念馆的陈列展览也随着科技的发展运用了诸多数字技术，如多媒体触控展示、VR（虚拟现实）、AR（增强现实）、裸眼 3D 投影、720 度全景展示等，还发展了数字展馆、云展览、元宇宙、数字多宝阁等数字展示形态或空间，为公众带来丰富多彩的体验。数字技术的运用，不仅给纪念馆增添了新鲜的活力，同时也给公众带来了全新的感官体验，改变了公众过去对于纪念馆单调、沉闷的认识。纪念馆的教育成果也凭借着各种传播技术和平台深入到了每一个有网络、有信号的角落。随着科学技术和材料的不断更新迭代，未来，纪念馆的展示和教育将会依靠科学技术达到充分的融合，其展厅将是一个实物与技术相互并行的开放式的、沉浸式的教育空间，能够带给观众更多的惊喜、更多的知识信息以及更全面、更深刻、更生动的感受和体验。展教融合带来的成果也将随着技术的发展传播得更加久远。纪念馆的社会功能因而得到有效发挥，其社会作用和影响也将更加突出。不过，值得注意的是，纪念馆在采用一些新技术时，也要考虑以下几个方面：一是技术的经济性、稳定性及其后期维护的便利性。纪念馆是开展社会教育的机构、提供文化服务的机构，其采用的技术、设备都是为展示和教育服务的，是为公众服务的。纪念馆的展示和教育不能盲目追求最新技术，必须充分考虑技术运营维护的稳定性、经济性和便利性。二是要考虑展示内容的准确性和视觉表达美感之间的平衡。在选用展示技术时，无论是策展方还是技术方，都想要技术带来更强的视觉冲击力，营造的画面、情景要艺术化，要更唯美。但事实上，技术应用过多、过于炫目或太过超前，有可能忽略内容本身，导致内容传达不够准确。所以，技术的运用除了要满足艺术化、视觉化的要求外，更要符合纪念馆展示和教育所要表达的内容。三是采用大众喜闻乐见的技术形式。这需要技术方多从观众的感官体验以及视觉美学的角度来考虑，兼顾好内容传达的美观性和真实性。科技是迎接未来的手段，纪念馆是连接未来的场所。未来，多元的技术发展将给纪念馆的展教融合带来更多的实现方式。

五、展教融合的跨界化

在纪念馆界，展教融合一般是指本馆展览与本馆教育课程或活动的融合，主要包括纪念馆依托展览进行讲解宣传、开发教育课程、开展教育活动等。为了更好地满足公众的学习和教育需求，强化纪念馆的教育功能，提升纪念馆的传播能力，纪念馆的展教融合必须实现跨领域、跨学科、跨界式的发展。目前，展教融合的主体已经不再局限于纪念馆自身，而且吸收了其他行业的有志者。从纪念馆大量的教育实践来看，纪念馆的社会教育已经与学校教育、干部教育、家庭教育进行了一定的融合。例如：一是很多纪念馆与周边中小学、大专院校、科研机构、党政机关、企事业单位、部队、社区、村部等建立了联系，并和他们开展活动，输送了主题展览或教育课程等；二是纪念馆每年都会接待大量开展红色研学的学生和开展党性教育的干部，为他们提供了展览讲解、现场教学、专题课程等教育服务；三是纪念馆每年都会为一些学生和家长提供社会实践的机会和平台，包括指导学生开展志愿服务、培养学生进行志愿讲解；等等。与此同时，很多学校、科研机构、党政机关、企事业单位也非常重视与纪念馆的合作。一些学校、党政机关与纪念馆合作共建基地，如思想政治教育基地、党史国史教育基地、廉政教育基地、革命传统教育基地、研究基地等。一些科研机构与纪念馆在申报科研项目、开发教育项目、联合培养人才等方面进行了深入的合作。有些企事业单位也与纪念馆联合策划了陈列展览项目、开发了文化创意产品等。还有，一些老师、专家在纪念馆担任专家顾问，为纪念馆的展示和教育工作提供了专业上的咨询和指导。从某种程度上讲，未来的展教融合将会更加紧密、全面、深入，物尽其美、人尽其用，还可能衍生出一种更大范围、更多可能、更多新意的行业合作模式。各行各业都可以依托纪念馆这个交互性强的平台，实现文化资源、人力资源、技术资源、信息资源的共享互通。社会公众也可以通过这个平台，获得全方位的、多层次的教育、欣赏、求知、深思等体验。而纪念馆也可以借助社会各界的力量，全方位提升自身功能，创造出更好的社会效益。

六、展教融合的国际化

深化文明交流互鉴，推动中华文化更好走向世界，是强国建设、民族复兴的任务之一。纪念馆作为公共文化教育机构，要坚定文化自信，坚守中华文化立场，讲述好中国故事，传播好中国声音，让人们共享人类文明成果。未来，纪念馆的展教融合应紧跟全球化背景下多元文化交流的形势，为推动中华文化更好走向世界作出应有的贡献。一是要积极借鉴国外博物馆、纪念馆优秀的展教结合的经验和做法，提升自身展教融合的能力和水平。比如，可以通过网络平台关注国外博物馆、纪念馆的工作动态，收听国外策展人或教育工作者的讲演等方式，来了解国外博物馆展教融合的情况，汲取经验，并在本馆内部进行实践和检验。二是要争取与国外优秀博物馆、纪念馆建立工作联系，包括制订合作计划，互相输送展览，互相派送人员学习进修，联合开展教育活动等。三是纪念馆要努力打造面向国际的展览和教育产品。如：推出国际版的数字展馆和巡展；打造外文版展览导览词、讲解词、宣传片；开发面向世界的展览和教育课程，并通过电视和网络等平台进行宣传和推广；等等。四是要敢于走出国门，争取参加国际上有关展览和教育的会议和活动，多和国际上相关领域的专家学者开展多层次、有深度的交流活动，并在活动中宣传好中华文化、讲述好中国故事。五是要认真对待来馆参观的外国游客，引导他们正确认识中国、了解中国。六是争取一部分态度端正的外国专家和留学生参加纪念馆的展览和教育推广工作，通过他们向外国观众打开认识中国之门。在推动展教融合的国际化过程中，纪念馆必须立足中国大地，始终坚守中华文化的立场，提升展览和教育事业的国际视野和国际表达。一方面，要加强藏品的当代价值和世界意义的阐释和挖掘，推动藏品活化利用，守护好、传承好、阐释好、展示好中华文化的重要见证。另一方面，要善于运用丰富多彩的展示和教育的形式和技术，借助正规的传播平台，宣传和弘扬中华文化中蕴含的人类共同价值，展现中华文明的悠久历史和永恒魅力，向世界展现可信、可爱、可敬的中国形象。在这个过程中，需要高度注意的是，要严格把控展览和教育所涉及的一切文字、话语的政治性和准确性，所有输出内容和产品都必须经过相关部委、专业机构的审核和把关，避免出现一分一毫的错误。同时，在语言表达上，纪念馆也要适当考虑国外观众的需求、兴趣、习惯，将展览语言和教育语言进行二次转化，转化为外国观众容易理解的话语，从而达到更好的传播效果。

对纪念馆来说，陈列展览和社会教育无论在过去、现在，还是未来，都是纪念馆重要的工作业务，是关系纪念馆发展的重要引擎。做好陈列展览和社会教育工作，不仅要熟悉这两大块业务工作的基本流程、注意事项，还要想办法解决二者在发展中存在的难题。陈列展览和社会教育的融合发展是纪念馆实现高质量发展的必然趋势和必经路径，也是纪念馆未来需要继续努力的方向。虽然，从目前纪念馆的实际来看，有的纪念馆依然存在资金短缺、人才不足、藏品扩充难等问题，无法将陈列展览和社会教育两大业务工作做大做强。但是，作为社会公众前往学习、旅游的目的地之一，纪念馆本身就是展教结合体。在某种程度上，其"展"即是"教"，"教"即是"展"，同时反映着纪念馆的形象、服务、能力和水平。或许对某些纪念馆来说，展教融合的道路还很漫长曲折，但是长路漫漫，行则将至，终有成功的一天。

参考文献

一、著作类

[1] 中国博物馆发展研究课题组. 中国博物馆发展研究报告（2021）[M]. 北京：朝华出版社，2022.

[2] 李宗远，赵永艳. 中国纪念馆发展报告 2019 [M]. 南京：南京大学出版社，2020.

[3] 安廷山. 中国纪念馆概论 [M]. 北京：文物出版社，1996.

[4] 博物馆学概论编写组. 博物馆学概论 [M]. 北京：高等教育出版社，2019.

[5] 王宏钧. 中国博物馆学基础 [M]. 上海：上海古籍出版社，2001.

[6] 耿超，刘迪，陆青松，等. 博物馆学理论与实践 [M]. 北京：科学出版社，2018.

[7] 宋向光. 物与识：当代中国博物馆理论与实践辨析 [M]. 北京：科学出版社，2009.

[8] 邢致远. 博物馆公共文化服务标准化研究 [M]. 南京：南京出版社，2018.

［9］孔伟. 社会教育视域下的公共文化服务研究［M］. 济南：山东人民出版社，2014.

［10］陆建松. 博物馆展览策划：理念与实务［M］. 上海：复旦大学出版社，2016.

［11］周昌德. 简明教育辞典［M］. 广州：广东高等教育出版社，1992.

［12］刘雅. 博物馆教育理论与实践［M］. 北京：知识产权出版社，2024.

［13］张滢. 现代博物馆文化教育及其数字化建设研究［M］. 北京：中国书籍出版社，2023.

［14］程丽臻，钱红. 博物馆讲解工作研究［M］. 武汉：湖北人民出版社，2014.

［15］姜静. 博物馆讲解理论与实务［M］. 北京：中国财富出版社有限公司，2021.

［16］王学敏，柳恒. 博物馆实用讲解艺术［M］. 郑州：河南大学出版社，2017.

二、论文类

［1］杨丹丹.《读城》：探索博物馆青少年展教结合的创新之道［J］. 中国博物馆，2017（4）.

［2］李轶璇. 旧金山探索馆展教模式探析［J］. 自然科学博物馆研究，2019（2）.

［3］陈晨. 博物馆关于展教结合的探索与实践：以"大汉海疆：

南越航海文明展"为例〔J〕. 文物鉴定与鉴赏, 2023（17）.

〔4〕曹舒捷. 纪念馆"展教合一"现场党史教育活动模式探析

〔J〕. 少先队活动, 2022（Z1）.

〔5〕蔡静野, 吴晓波. 格物兴教：高校博物馆的意旨与职责

〔J〕. 中国博物馆, 2023（1）.

〔6〕陈麟辉. 在主体间性视域下提升名人纪念馆社会教育功能的

路径〔J〕. 中国博物馆, 2018（1）.

〔7〕赵嫱. 如何发挥纪念馆的社会教育功能〔J〕. 传播力研究,

2018（28）.

〔8〕张行. 博物馆陈列展览和社会教育研究的几点思考：以甘肃

省博物馆为例〔J〕. 丝绸之路, 2011（6）.

〔9〕李瑞英. 发挥博物馆社会教育功能的思路探究和分析〔J〕.

社科纵横, 2015（11）.

〔10〕郑佳. 关于新媒体环境下博物馆开展社会教育的思考〔J〕.

文物鉴定与鉴赏, 2021（5）.

〔11〕邢楷. 浅析国内博物馆线上社会教育的现状〔J〕. 文化产

业, 2022（15）.

〔12〕田银梅. 新时代博物馆社会教育服务中的问题与对策〔J〕.

文物世界, 2020（6）.

〔13〕黄琛. "十三五"期间中国博物馆社会教育工作发展状况研

究〔J〕. 博物院, 2021（1）.

〔14〕王玲. 博物馆社会教育活动的创新策略研究〔J〕. 文化产

业, 2022（16）.

［15］余莹博．基于线上线下融合的博物馆社会教育模式探索研究
［J］．文物鉴定与鉴赏，2023（9）．

［16］谢硕．展教结合背景下名人故居博物馆展览体系与教育框架
的搭建：以重庆宋庆龄纪念馆为例［M］//黎洪伟．新时代
名人故居的智慧与力量：中国博物馆协会名人故居专业委员
会2022年年会论文集．上海：上海人民出版社，2023．

［17］周玉儿．打破定势，跨越疆界，探索"展教结合"深度模
式：以专题展览和教育活动为例［M］//黎洪伟．新时代名
人故居的智慧与力量：中国博物馆协会名人故居专业委员会
2022年年会论文集．上海：上海人民出版社，2023．

后 记

　　陈列展览和社会教育是当今国内纪念馆非常重视的两项业务工作。但真正要做好陈列展览和社会教育这两项业务工作，绝非一朝一夕之功，而需铢积寸累，日就月将，持之以恒。现实中，由于受到某些因素的影响，各家纪念馆在陈列展览和社会教育这两项业务工作上所展现的能力和水平参差不齐，且各有各的难处。作为纪念馆的从业人员，深感开展陈列展览和社会教育工作的不易，要做好这两项业务工作更是难上加难。每一场教育活动的开展、每一个陈列展览的举办，是集体思想、智慧、知识、能力、经验的碰撞与交融，考验的是纪念馆从业人员的决心、信心、耐心、细心、匠心和责任心。

　　作者有幸从事纪念馆陈列展览和社会教育工作十余年，或亲身开展了多种多样的社会教育活动，接待了不同层次的国内外观众；或参加了不同种类的展览策划，迎接了各类观众对于展览的评判和检验。俗话说，十年磨一剑。在这不长也不短的十年时间里，作者深深地感受到，要做好陈列展览和社会教育工作，不仅需要长年累月的积淀和历练，而且要勤于思考和总结。因此，作者尝试结合工作实践和经验，总结出陈列展览和社会教育工作中的相关经验范式，让有志于从事文博行业的人员详尽了解纪念馆陈列展览和社会教育业务的实施流程，从而快捷高效地上手，以提高效率、减少疏漏。本书第一章第二节和第四节、第五章、第六章、第七章由李健宁撰写，第一章第一节和第三节、第二章、第三章、第四章、第八章由张因撰写。李健宁负责全书的统稿、修改、校对、出版对接等工作，张因参与修改、校对。

需要说明的是，在写作的过程中，虽然作者也参考借鉴了其他纪念馆在陈列展览和社会教育工作中的一些好的做法和经验，但主要的做法和经验源于作者大量的工作实践。因此，本书总结的相关工作流程未能覆盖所有纪念馆在陈列展览和社会教育方面的实践，但这并不影响本书具备为同仁提供借鉴与参考的价值。本书若能为陈列展览和社会教育相关从业者提供一定的启示和帮助，那将是作者莫大的荣幸，作者的写作也就具备了现实的意义。

本书得以付梓，首先，要感谢韶山毛泽东同志纪念馆为作者提供了学习、成长、历练的平台。倘若作者没有亲身经历陈列展览和社会教育相关业务工作的磨练和洗礼，便难以获得切身的工作体验和感性思考，更遑论对相关工作经验进行总结和升华了。其次，要感谢各大纪念馆为陈列展览和社会教育工作付出辛勤劳动的同仁。正是有了他们的探索与实践，才有了当前纪念馆陈列展览和社会教育欣欣向荣的大好局面。再次，作者在写作本书的过程中，参考了大量的论文与著述，这些文章和著作中的真知灼见为作者写作提供了灵感，在此谨向相关作者表示诚挚的谢意。最后，要感谢湖南师范大学出版社的领导和编辑老师为本书的出版所付出的辛劳。

由于作者水平有限，书中纰漏与不够严谨之处在所难免，敬请各位专家和读者批评指正，以便将来修正、完善。

李健宁　张　因

2024 年 8 月